Wilma Lerchen

Liebe wählt aus

Wilma Lerchen

Liebe wählt aus

Wie finde ich den richtigen Partner?
Freundschaft und Sexualität –
Zufall oder Entscheidung?

Impulse für Jugendliche und junge Erwachsene

Schönstatt Verlag

Bibliografische Information der Deutschen Nationalbibliothek
Die Deutsche Nationalbibliothek verzeichnet diese Publikation in der Deutschen Nationalbibliografie; detaillierte bibliografische Daten sind im Internet über http://dnb.ddb.de abrufbar.

2. Auflage 2010

Hillscheider Str. 1, 56179 Vallendar
Tel. 0261/6404-300
www.schoenstatt-verlag.de

Cover und Satz: Johannes Link, www.johanneslink.de
Druck: Rübel Offsetdruck, Neuwied
Titelbild: ©iStockphoto.com / Mikael Damkier
ISBN 978-3-935396-22-6

Für meinen Mann Joachim

Inhaltsverzeichnis

Einleitung

Alles begann mit einer tiefen Sehnsucht in mir. In mir keimte die Hoffnung, dass da jemand ist, der mich ganz annimmt, so wie ich bin. Einer, der mich ergänzt und das zum Schwingen bringt, was so tief in mir verborgen ist. Da war ein Drängen in mir, das mich nach jemandem suchen ließ, dem ich all meine Zärtlichkeit und Liebe schenken, dem ich ganz vertrauen könnte und der diese Liebe erwidern würde.
Wie aber sollte ich diesen Menschen finden?
Gab es ihn überhaupt?
Woran sollte ich ihn erkennen?
Meine Suche führte mich auf ganz verschiedene Wege.
Aufgrund meiner Erfahrung habe ich einige Fragen zusammengestellt. Vielleicht können auch dir diese Fragen helfen, darüber nachzudenken, wie du erkennst, ob der Mensch, der vor dir steht, der richtige Partner für dich sein kann. Denn nicht jedes Mädchen und nicht jeder Junge, der mich freundlich anlacht, muss schon die/der Richtige für mich sein.
Vielfach sieht es in den Medien so aus, als ob man einfach nur verschiedene Partner „durchprobieren" müsste und irgendwann wäre die/der Richtige schon dabei. Dabei wird allerdings etwas Wichtiges außer Acht gelassen: Jede Beziehung, die ich eingehe, hinterlässt Spuren in meinem Leben. Die erste Beziehung ist die zu meinen Eltern. Diese Beziehung prägt mich für mein ganzes Leben. Später suche ich mir Freunde. Manche tun mir gut, manche weniger gut. Sie alle hinterlassen in meinem Leben, und somit auch in meiner Seele, Spuren.
Eine Partnerschaft zwischen Mann und Frau hat aber eine neue und intensivere Qualität. Sie geht sehr viel tiefer als alle Beziehungen, die man vorher hatte. Einem Partner öffnet man

sich mehr als jedem anderen Menschen. Daher sind die Spuren, die er hinterlässt, auch viel tiefer. Sollte diese Partnerschaft auseinandergehen, hat das für mich und mein weiteres Leben weitreichende Konsequenzen.
Das Wort „Liebeskummer“ hört sich da manchmal etwas lieblich an, aber wenn damit gemeint ist,
... dass man das Gefühl hat, auseinandergerissen zu werden,
... dass man nicht weiß, wie der nächste Tag aussehen wird ohne den geliebten Menschen,
... dass ich mich so schrecklich einsam fühle, dass nicht einmal mein bester Freund oder meine beste Freundin mir helfen kann,
... dass mir ein Stück aus dem Herzen gerissen wurde,
... dass mir eine Wunde geschlagen wurde, die nicht so schnell geschlossen werden kann,
dann beschreibt das Wort „Liebeskummer“ annähernd das, was in unserem Innersten passieren kann.
Es scheint mir daher sinnvoller zu sein, vorher gut auszuwählen:
Liebe wählt aus!
Aber woran erkenne ich, ob ein Mensch zu mir passt?
Jedes der nun folgenden Kapitel beginnt mit einer Frage.
Zu jeder Frage gehört eine Geschichte, die ich auf meiner Suche nach dem richtigen Partner erlebt habe.

Dies sind also meine Geschichten und meine Fragen. Deine Erfahrungen können ähnlich oder aber ganz anders aussehen. Vielleicht können dir meine Erfahrungen und Fragen dabei helfen, deinen eigenen Weg zu finden.

Wie finde ich den richtigen Partner? – Liebe wählt aus!

1 Meint er mich, oder spielt er nur mit meinen Gefühlen?

Mit 18 Jahren hatte ich das Gefühl, ich sei irgendwie anders. Alle meine Freundinnen und Bekannten hatten schon einen festen Freund. Nur ich war noch alleine. Da tat ich etwas, was im Nachhinein betrachtet nicht sehr klug war: Ich verliebte mich Hals über Kopf in einen netten jungen Mann.
Es gibt sicher die „Liebe auf den ersten Blick", aber zurückblickend muss ich sagen, dass sich mein Herz ganz bewusst, ohne auch nur einen Moment nachzudenken, auf dieses Abenteuer eingelassen hat. Heute weiß ich, dass ich die bewusste Entscheidung getroffen habe, mich in ein Gefühlschaos zu stürzen.

Ich hatte ein Auge auf jemanden geworfen, der zehn Jahre älter war als ich. Er sah gut aus, war humorvoll, konnte gut tanzen, und ich hatte den Eindruck, er hätte einen lebendigen Glauben. Weil auch mir der Glaube sehr wichtig war, dachte ich, wir könnten zusammenpassen. So begann ich, bewusst seine Nähe zu suchen. Ich versuchte immer wieder, mit ihm ins Gespräch zu kommen, was mir auch gelang.
Hinzu kam, dass er mich auf Festen zum Tanzen aufforderte und mich anschließend nach Hause brachte. Ich fühlte mich wie im 7. Himmel. Aber weiter geschah nichts. Langsam kam mir die Sache etwas seltsam vor. Wir verstanden uns zwar gut, aber irgendwie schien die Entwicklung unserer Beziehung ins Stocken geraten zu sein. Mittlerweile wussten alle um uns herum, wie es um mein Herz bestellt war, nur der, den es anging,

schien nicht zu ahnen, wie ernst es mir war. Ich wurde immer unsicherer und auch nicht gerade glücklicher.

In einem Gespräch mit meiner Schwester erkannte ich, dass ich von mir aus das Gespräch mit dem jungen Mann suchen sollte, denn ich hatte nichts zu verlieren, sondern nur Klarheit zu gewinnen. So nahm ich all meinen Mut zusammen und bat ihn um ein Gespräch.

Ich erzählte ihm von meinen Gefühlen und fragte, wie es ihm gehe und ob er sich eine Freundschaft zwischen uns vorstellen könne. Er gab mir zu verstehen, dass er schon gemerkt hätte, wie ich zu ihm stehe. Er könne sich auch eine Freundschaft vorstellen, aber noch nicht jetzt, sondern vielleicht in zwei, drei Jahren.

Nun war ich genauso schlau wie vorher.

Ich hatte natürlich gehofft, eine positive Antwort zu bekommen, zumindest aber wollte ich im Notfall ein klares „Nein", damit ich mein Herz neu ausrichten könnte. Nun hatte ich weder das eine noch das andere. Ich war genauso unglücklich wie vorher. Mein Herz war wie gefangen. Wenn er freundlich zu mir war, schöpfte ich Hoffnung, wenn er mich nicht beachtete, war ich am Boden zerstört. Meine Gefühle warfen mich hin und her. Dieser Zustand war für mich nur schwer erträglich, und ich für meine Umgebung in dieser Zeit auch.

Als ich keinen Ausweg mehr wusste, erzählte ich meine ganze Not einem Priester, der mich gut kannte. Er gab mir einen für mich entscheidenden Rat. Er meinte, dass er sich nicht vorstellen könne, dass man Liebe auf zwei bis drei Jahre verschieben kann. Entweder echte Zuneigung ist da, oder nicht. Ich sei auch schon alt genug, um eine Beziehung einzugehen. Deshalb vermute er, dass der junge Mann kein ehrliches Interesse an mir habe. Ich fragte den Priester, was ich denn nun tun solle, denn meine Gefühle dem jungen Mann gegenüber seien echt.

Er erklärte mir, dass ich in dieser Situation nicht frei handeln könne. Ich war zu einem Spielball meiner eigenen Gefühle geworden. So wie ich mich mit vollem Bewusstsein in diese Verliebtheit hineingegeben hatte, so musste ich nun auch mit einer klaren Entscheidung den Weg aus diesem Gefühlschaos wieder herausfinden.

Er gab mir einige Tipps, die mir helfen sollten:

- Nicht mehr das persönliche Gespräch mit ihm suchen.
- Mich nicht zum Tanzen auffordern lassen.
- Mich nicht nach Hause bringen lassen.
- Nicht darüber nachdenken, wie schön es doch sein könnte.
- Sollten diese Gedanken auftauchen, bewusst an etwas anderes denken.

Am schwersten war es, nicht den Gedanken nachzuhängen: „Ach, wie schön könnte es doch sein, wenn... .' Immer wieder ertappte ich mich dabei. Es war schwer, diesen Traum aufzugeben. Zum einen, weil ich den jungen Mann wirklich gern hatte, und zum anderen, weil ich Angst davor hatte, dann keine Zukunftsperspektive mehr zu haben. Wenn ich diesen Traum aufgab, was würde dann aus mir, wie würde meine Zukunft aussehen? Ich hatte Angst vor der Leere, die dann kommen würde. Man kann sich auch darin gefallen, sich in seinem eigenen Unglück zu bedauern. Doch ich spürte, dass das ewige Selbstmitleid auf Dauer auch keine Lösung sein konnte.

So arbeitete ich mich ein halbes Jahr mühsam durch, bis ich eines Morgens aufwachte nach einem ganz seltsamen Traum. Ich hatte geträumt, dass ein Mensch, den ich nicht einmal gut kannte, gestorben sei. In dem Traum musste ich furchtbar weinen. Dies erzählte ich einem Schulkollegen, und der meinte: „Ich habe mich einmal mit Traumdeutung beschäftigt, es liegt klar auf der Hand. Du hast mit einer Sache innerlich abgeschlossen." Mir war sofort klar, welche „Sache" das war. Ja, ich hatte wirklich damit abgeschlossen und fühlte mich wie befreit. Wenn ich nun meinem ehemaligen Schwarm begegnete, bekam ich nicht mehr weiche Knie. Ich musste nicht mehr zwanghaft seine Nähe suchen, es machte mir nichts aus, wenn er mich nicht beachtete. Ich fühlte mich frei, und mir ging es viel besser. Ich war wieder offen für alles und alle.

Was ich hier kurz zusammengefasst erzählt habe, dauerte beinahe drei Jahre. Daraus habe ich eine wichtige Lehre gezogen. Ich wollte mich nicht noch einmal so willenlos zum Spielball meiner Gefühle machen. Deshalb achtete ich von da an ganz genau darauf, ob ein junger Mann, der mir nett erschien, auch wirkliches Interesse an mir zeigte, oder ob mir meine Fantasie nur einen üblen Streich spielte.

Außerdem versuchte ich zu ergründen, ob der andere es ehrlich meinte oder es einfach nur genoss, dass ich ihn toll fand, dass er also nur mit meinen Gefühlen spielte. Britney Spears sang vor Jahren ein Lied, in dem es hieß: „Ups, I did it again, I played with your heart, ..."

Sie versuchte, in dem Video einen unschuldigen Eindruck zu erwecken, aber ein solches Verhalten ist alles andere als harmlos. Man kann einen Menschen damit sehr verletzen. Ich nahm mir vor, in Zukunft mein Gegenüber genau zu beobachten und die Zeichen besser zu deuten. Ich nahm mir aber auch vor, selber aufmerksam zu sein und nicht mit den Gefühlen anderer zu spielen.

2 Meine ich ihn, oder soll er mich nur von meinen Problemen ablenken?

Später habe ich mich gefragt, warum ich eigentlich so verzweifelt an dieser Verliebtheit festgehalten hatte. Ich glaube schon, dass meine Gefühle echt waren und doch – warum konnte ich nicht loslassen, als ich merkte, dass diese Gefühle nicht erwidert wurden?

Ein Grund fällt mir dazu sofort ein.

Ich hatte damals ein sehr gespanntes Verhältnis zu meinen Eltern. Ständig gab es Auseinandersetzungen, ich fühlte mich unverstanden und wollte eigentlich nur weg.

Wenn es zu dieser Partnerschaft gekommen wäre, dann hätte ich mich viel leichter absetzen können. Ich hätte mir die Argumente meiner Eltern nicht mehr so sehr zu Herzen nehmen müssen, ich hätte ja meinen Freund gehabt. Dann hätte ich mir nichts mehr sagen lassen müssen.

Heute bin ich froh, dass ich diese Gelegenheit zur Flucht nicht hatte.

Durch die Auseinandersetzungen mit meinen Eltern habe ich viel gelernt. Es ist nicht einfach, mit jemandem zu streiten, den man gern hat. Man erwartet, dass der andere einen sofort versteht und einem in allem zustimmt. Aber selbst wenn man sich noch so gern hat, ist das nicht immer der Fall. So musste ich, ob ich es wollte oder nicht, lernen, richtig zu streiten. Das bedeutete, ich musste meine Argumente sammeln und sie gut begründen können. Ich musste es aushalten, mich hinterfragen zu lassen. Dabei lernte ich, mich einmal durchzusetzen und in einem anderen Fall nachzugeben. Diese Fähigkeiten sind in einer Partnerschaft von unschätzbarem Wert.

Streit in einer Partnerschaft erscheint uns im ersten Augenblick als etwas Furchtbares. Dabei kann Streit ein Paar auch weiterführen. Beide kommen aus ganz unterschiedlichen Familien und haben verschiedene Verhaltensmuster entwickelt. Meistens nimmt man die eigene Vorstellung mit in die neue Beziehung und wundert sich dann, wenn der andere so ganz anders reagiert. Ich erinnere mich an ein Paar, das erzählte, in der Familie der Frau habe immer der Vater die Schuhe geputzt, in der Familie des Mannes aber die Mutter. So blieben die Schuhe in der neuen Familie immer ungeputzt, und jeder war verärgert, weil der andere angeblich seiner Pflicht nicht nachkam.

Dies ist nur ein kleines Beispiel, das aber verdeutlicht, auf welchen Gebieten Auseinandersetzungen ausgetragen werden können. Es erfordert viel Kraft, Zeit und Geduld, bis aus zwei Menschen ein wirkliches Paar geworden ist. Beide Partner sollten vorher gelernt haben, einen guten Streit zu führen, denn es ist sehr belastend für eine Beziehung, wenn man nicht miteinander spricht und jeder den Rückzug in seine Schmollecke antritt. Dann ist der Stillstand vorprogrammiert. Ein langes Schweigen kann eine Partnerschaft leise, aber nachhaltig vergiften.

Ich bin froh, dass ich diese Gelegenheit zur Flucht nicht hatte. Eine Beziehung muss immer zuerst den Partner suchen – sie oder ihn als einmalige, unverwechselbare Person. Sobald andere Gründe eine Rolle spielen, wie in meinem Fall das „Weglaufen", ist das kein guter Boden für ein gesundes Wachstum einer Partnerschaft.

Es ist wichtig, ehrlich mit sich selbst zu sein. Manchmal kann es auch helfen, sich von jemandem, dem man vertraut, hinterfragen zu lassen. Dazu sind die beste Freundin und der beste Freund nicht immer geeignet. Sie möchten uns nicht weh tun und sagen uns vielleicht nicht die Wahrheit. Es kann sehr hilfreich sein, seine Eltern um Rat zu fragen. Wem das möglich ist, der hat Glück. Aber auch Oma und Opa können gute Ratgeber sein. So absurd das klingen mag, aber ich habe die Erfahrung gemacht, dass gerade zölibatär lebende Menschen, also z. B. Priester oder Ordensschwestern, gute Gesprächspartner sind. Nur weil sie sich bewusst für ein Leben ohne Partner entschieden haben, heißt das nicht, dass sie von menschlichen Beziehungen keine Ahnung haben. Im Gegenteil, vielleicht macht sie gerade ihre Ungebundenheit zu objektiveren Beobachtern.

3 Kann ich meinen Partner bewundern? Bewundert der Partner mich?

Nachdem ich diese Verliebtheit abgelegt hatte, fühlte ich mich wieder glücklicher und freier und pflegte wieder intensiver verschiedene Freundschaften. Darunter war auch ein netter junger Mann aus meiner Jugendgruppe. Wir hatten viele gemeinsame Interessen und konnten zusammen lachen. Ich brachte ihm das Gitarrespielen bei, er machte gute Fortschritte. Mit anderen jungen Leuten gingen wir zusammen ins Kino oder auf Feten und hatten eine gute Zeit zusammen, bis ich spürte, was ich zuerst nicht wahrhaben wollte: Er hatte sich in mich verliebt. Ich hatte ihn sehr gern, aber eine Partnerschaft konnte ich mir mit ihm nicht vorstellen. Das lag daran, dass er zwei Jahre jünger war als ich. Das muss nicht zwangsläufig ein Problem sein, aber in unserem Fall war es eines. Ich hatte den Eindruck, dass ich stärker war. Er war eine außergewöhnliche Persönlichkeit, aber ich war einfach älter.

Aus meiner Sicht bestand die Gefahr, dass ich in der Partnerschaft zu dominant gewesen wäre. Eine Partnerschaft lebt davon, dass jeder vom anderen „groß“ denkt. Jeder Partner sollte davon überzeugt sein: „Der andere ist das Beste, das mir je passiert ist, er ist einfach wundervoll, ja bewundernswert – und selbst, wenn ich an ihm einige Schwächen entdecke – er bleibt für mich großartig und einzig.“

Umgekehrt muss der Partner das auch über mich denken.

Eine Freundschaft, in der einer den anderen immer nur „anhimmelt“, ist sehr gefährdet. Das kann für den, der „anhimmelt“, sehr ermüdend sein, und dem, der angehimmelt wird, fehlt die Herausforderung. Dabei entsteht eine Schieflage, die schnell zum Kippen führen kann.

Natürlich gibt es immer auch Wellenbewegungen in der Partnerschaft. Einmal ist der eine der Stärkere, dann wieder trägt der andere die Beziehung ein Stück des Weges. Grundsätzlich aber ist es wichtig, dass das Verhältnis ausgeglichen ist. Das betrifft verschiedene Bereiche des Lebens, z. B. die Bildung. Wenn die Bildungsunterschiede zu groß sind, kann das schwierig werden. Werden die Partner sich auf Dauer verstehen? Wird vielleicht ein Partner irgendwann einen Austausch auf Augenhöhe vermissen? Ist dem anderen der Anspruch zu hoch, fühlt er sich überfordert?

Große Unterschiede in finanzieller Hinsicht machen es einem Paar nicht leicht. Diese oder andere sensible Themen sollten gut überdacht und auch besprochen werden. Diese Gespräche sollten miteinander geführt werden, aber auch ein Gespräch mit einer vertrauten Person kann hilfreich sein.

Ich suchte damals Hilfe im Gespräch, und mir wurde selber schnell klar, dass diese Beziehung keine Zukunft haben kann. Nun lag es an mir, mit diesem jungen Mann zu sprechen. Es fiel mir sehr schwer, ihm die Wahrheit zu sagen. Aber ich wollte nicht mit seinen Gefühlen spielen. So sehr ich seine Gesellschaft auch genoss, so musste ich doch jetzt eine Trennung vollziehen.

Ich sagte ihm, dass ich von nun an nicht mehr mit ihm ausgehen werde und dass er sich auch einen anderen Gitarrenlehrer suchen müsse. Ich wollte nicht, dass er sein Herz zu sehr an mich hängt. Ich wusste ja aus eigener Erfahrung nur zu gut, wie weh das tun kann. Wie gerne hätte ich ihm manchmal einen lieben Brief geschrieben, um ihm zu helfen. Aber ich zügelte mich, denn nur allzu leicht kann es passieren, dass der andere sich dann doch noch Hoffnungen macht.

Ich lernte noch etwas daraus: Es ist beinahe unmöglich, dass ein Mann und eine Frau rein freundschaftlich miteinander verbunden sein können. Oft, beinahe immer, möchte einer von beiden eigentlich mehr, aber er verschweigt es vielleicht, weil er Angst hat, damit alles zu zerstören.

Der, der sich mehr wünscht, leidet und ist unfrei. Insgeheim hofft er, es könnte doch noch zu einer wirklichen Partnerschaft kommen, und ist nicht offen für einen anderen Partner oder eine andere Lebensaufgabe.

Auch eine „Nur"-Freundschaft zwischen einem Mann und einer Frau, die jeweils in einer festen Beziehung stehen, ist äußerst schwierig. Eine gewisse Anziehungskraft scheint ja vorzuliegen. Diese kann dann in Verliebtheit umschlagen, wenn es in der eigenen Partnerschaft kriselt. Außerdem können Partner eifersüchtig reagieren, weil sie vielleicht Angst haben, es würden intime Details erzählt, oder aber die Freunde erzählen sich Dinge, von denen nicht einmal der Partner etwas weiß. So eine Situation kann einen Riss in der Partnerschaft verursachen, der dann auf Dauer immer tiefer wird.

Daher sind solche Freundschaften mit sehr vielen Fragezeichen zu versehen und nicht besonders zu empfehlen. Es kann sogar ratsam sein, eine auch noch so gute Freundschaft auf eine gute Art und Weise zu beenden, um die Partnerschaft nicht zu gefährden.

4 Ist er frei oder schon vergeben?

In der Zeit meiner Banklehre hatte ich in jedem Lehrjahr auch eine dreimonatige Blockunterrichtszeit. Die Schüler in meiner Klasse schienen nett zu sein.

Neben den kaufmännischen Fächern stand auch wieder Religionsunterricht auf dem Stundenplan. Darauf freute ich mich nicht besonders. Der Religionsunterricht, den ich bisher erlebt hatte, war für mich immer sehr unerfreulich. Die Lehrer wussten nie so recht, was sie uns eigentlich beibringen sollten, und die Schüler, die der Kirche kritisch gegenüberstanden, wurden vom Lehrer in ihrer Meinung unterstützt. So kam es nicht selten vor, dass sich 24 Schüler zusammen mit dem Lehrer auf mich stürzten, weil ich die Meinung der Kirche vertrat und damit alleine dastand. Damals war ich in der Argumentation auch nicht so sicher und stand am Ende der Diskussion oft als die Altmodische, leicht Dümmliche da, die sich eben an irgendetwas festhalten muss, in diesem Fall an der Kirche.

Das wollte ich in dieser Schule nicht noch einmal erleben, daher beschloss ich, im Religionsunterricht einfach meinen Mund zu halten, egal, was Lehrer oder Mitschüler auch sagen würden.

In der ersten Religionsstunde kam es so, wie es kommen musste. Lehrer und Schüler schimpften über den Papst, weil er die Pille nicht erlauben wollte. Ich hielt mich zurück und dachte: „Lass sie doch reden!“ Da meldete sich hinter mir ein Schüler und begann mit sehr engagierten Worten, die Position der Kirche zu erklären und zu verteidigen. Ich war ebenso überrascht wie begeistert. So etwas hatte ich noch nie erlebt und schon gar nicht von einem jungen Mann. Im Laufe der nächsten Zeit schaute ich ihn mir genauer an. Er spielte Querflöte wie ich, er tanzte gerne wie ich. Wir tauschten Bücher über religiöse Themen aus und unterhielten uns anschließend darüber. Wir verstanden uns wirklich sehr gut, aber da war noch etwas. Er hatte schon eine Freundin. Nun ist eine Freundin noch keine Ehefrau, das bedeutet, wenn ich vielleicht die Bessere wäre, dann dürfte ich auch um ihn kämpfen. Ich tat es aber nicht, denn je mehr ich von ihm wusste, desto klarer wurde mir, wie fest diese Beziehung mit seiner Freundin schon war. Sie sprachen schon über das Heiraten, ich spürte auch, dass die beiden sehr tief miteinander verbunden waren.

Vielleicht hätte ich mich dazwischendrängeln können, aber was hätte ich getan? Ich hätte eine gute Beziehung zerstört. Außerdem war ich mir nicht wirklich sicher, dass wir die Richtigen füreinander waren. Ich mochte ihn sehr gern, aber würde das reichen? So entschied ich mich, nichts zu tun, auch wenn mir das manchmal sehr schwer fiel. Ich versuchte so gut es ging den Abstand zu wahren und nicht mit dem Feuer zu spielen. Heute bin ich froh darüber. Ich wusste ja noch nicht, dass der Mann, der so gut zu mir passen sollte, bald in mein Leben treten würde. Nicht ganz ein Jahr später lernte ich meinen zukünftigen Mann kennen. Es war genau der richtige Augenblick und ich war froh, dass ich frei war, um mit ihm eine Freundschaft zu beginnen.

Sich die Frage zu stellen „Ist er noch frei oder schon vergeben?“, scheint für einige erst einmal ungewöhnlich zu sein. Es ist doch klar, dass man vergebene und vor allem verheiratete Partner in Ruhe lässt. Früher war das noch selbstverständlich, heute ist das leider gar nicht mehr so. Da heißt es ganz einfach: „Das ist die Liebe. Die Liebe ist über uns gekommen, da kann man gar nichts machen. Wenn es Liebe ist, dann muss man ihr nachgeben.“

Ja, es kann tatsächlich vorkommen, dass man sich in einen

Menschen verliebt, der verheiratet ist. Aber bedeutet das sofort, dass man dafür alles, was wahr und richtig ist, vergessen darf? Bedeutet es, dass man eine bestehende Beziehung zerstören darf, um seine eigenen Gefühle ausleben zu können? Betrachten wir einmal die Folgen, die z. B. eine Scheidung mit sich bringt.

Zuerst einmal bricht man in eine bestehende Beziehung ein. Natürlich kann man sich die Sache immer schönreden nach dem Motto:

„Die Beziehung hat sowieso schon lange nur noch auf dem Papier existiert."

„Dem Paar war die Liebe abhanden gekommen."

„Die Beziehung war schon vorher beendet."

Dabei bedenkt man aber im Moment nicht, wie unbarmherzig solche Aussagen sind. Die neue Beziehung muss sich nun ebenfalls ständig an der Frage messen: Was ist, wenn u n s die Liebe abhanden kommt? Aber das ist eine denkbar schlechte Voraussetzung für das Gelingen der neuen Beziehung. Natürlich gibt es Phasen in einer Partnerschaft, die weniger von Leidenschaft geprägt sind, die einfach mühsamer sind als andere. Wenn das aber bedeutet, dass man sich sofort trennt, dann setzt uns das unter einen ungeheuren Druck. Dann muss ich für meinen Partner immer attraktiv sein, immer guter Dinge, immer freundlich, aufgeschlossen, leidenschaftlich ...

Das heißt für mich, dass ich mir die Liebe meines Partners verdienen muss. Aber Liebe, die nicht selbstlos verschenkt wird, hat keinen dauerhaften Bestand, sie ist auch nicht fähig, in die Tiefe zu wachsen. In einer solchen Beziehung wird unsere tiefe Sehnsucht nach Nähe und Geborgenheit nicht beantwortet und unsere Fähigkeit, Liebe zu geben, nicht geweckt.

Eine ganz banale Frage stellt sich außerdem: Woher weiß ich, dass mein Partner mich nicht auch wieder für einen anderen

Menschen verlässt, wenn abermals `Liebe´ im Spiel ist? Woher weiß ich, dass er mir treu bleiben wird?
Wenn ich mit einem Partner längere Zeit zusammenlebe, wir den gleichen Namen tragen, eine gemeinsame Zukunft planen, dann sind wir eng miteinander verbunden. Wenn diese Verbindung auseinandergerissen wird, dann entstehen tiefe Verletzungen auf beiden Seiten. Vielleicht fühlt man zunächst eine Erleichterung, weil die ewigen Auseinandersetzungen vorbei sind und die täglichen Streitereien wegfallen. Doch wenn dann Ruhe eingekehrt ist, spürt man erst, was man verloren hat. Eine Trennung nach einer längeren Partnerschaft kann nie ganz und gar sein. Man hat ein Stück seines Lebensweges geteilt, so bleibt man mit diesem Menschen immer irgendwie verbunden. Eine solche Verbundenheit kann sehr belastend sein für eine neue Partnerschaft. Ein Vergleich mit dem alten Partner bleibt nie ganz aus. Und nur selten war am alten Partner alles schlecht.
Verheerend wird es, wenn Kinder davon betroffen sind. Es geht nicht nur ein Ehepaar auseinander, dann trennen sich auch Vater und Mutter. Das kann für Kinder katastrophale Folgen für ihre Entwicklung und damit für ihr ganzes weiteres Leben haben. Aber nicht nur für jüngere Kinder ist das schlimm, auch für ältere Kinder ergeben sich aus der Trennung der Eltern unzählige Probleme. Ich möchte an dieser Stelle ein Beispiel nennen:
Eine junge Frau möchte heiraten. Ihre Eltern sind geschieden und haben neue Partner. Nun stellt sich die Frage, wer sitzt bei der Hochzeit neben der Braut? Wird der Vater mit Lebenspartnerin ausgewählt, ist die Mutter sauer. Darf die Mutter mit ihrem Lebenspartner neben der Braut Platz nehmen, ist der Vater sauer. Sind Mutter und Vater an der Seite ihrer Tochter, sind die Lebenspartner sauer. Diese Probleme setzen sich naht-

los fort, wenn die Enkelkinder geboren werden. Taufen, Kindergeburtstage, Weihnachten: Im Jahreskreis wiederkehrende Ereignisse, die normalerweise die Familien zusammenführen, werden zu einem Drama.

Natürlich kann es Gründe geben, warum sich Ehepaare scheiden lassen. Aber eines sollte man unbedingt vermeiden: Selber der Scheidungsgrund zu sein. Ganz besonders dann, wenn Kinder betroffen sind!

5 Haben wir gemeinsame Grundwerte und Interessen?

Ich war mittlerweile 21 Jahre alt und immer noch allein. Ich beobachtete die anderen in meinem Alter und sah, dass alle, die schon einmal einen Freund gehabt hatten, auch schnell wieder einen neuen bekamen. Vielleicht musste ich einfach mal anfangen? Meine Freundin hatte mir schon mehrfach gesagt, ich sei zu anspruchsvoll. So einen Partner, wie ich ihn mir vorstellen würde, gäbe es gar nicht.
Und so schaute ich mich um und wurde auch schon bald fündig.
In unserer Bankklasse war ein sehr netter, gut aussehender junger Mann mit Humor und Charme. Ich schaute ihn mir etwas genauer an und suchte seine Nähe. In den Pausen und auf Klassenfeten versuchte ich, mit ihm ins Gespräch zu kommen. Er war sehr freundlich, reagierte aber auf meine Kontaktsuche nicht weiter. Heute bin ich froh über sein Verhalten, denn wir hatten eigentlich nichts gemeinsam.

Man hat einmal Eheleute, die länger als 25 Jahre verheiratet waren, gefragt, was sie in all den Jahren zusammengehalten habe. Da standen an erster Stelle weder Zuneigung noch Aussehen des Partners noch Zärtlichkeit, sondern gemeinsame Interessen und Grundwerte.

In Film und Fernsehen sieht es immer so aus, als ob die Liebe einfach über zwei Menschen komme und dann alles wie von alleine gehe. Dabei wird völlig außer Acht gelassen, dass zur richtigen Partnerwahl beides gehört: Gefühl und Verstand.
Die Gefühle geben sicher immer zuerst die Richtung vor. Manchmal ist es, als ob man von einem reißenden Fluss

mitgezogen werde. Aber auch jeder Fluss wird in der Ebene langsamer, und spätestens dann wird es Zeit, den Verstand mit ins Spiel zu bringen und sich zu fragen: Passen wir überhaupt zusammen?

Meine Sehnsucht nach einem Partner war damals sehr groß. Ich fühlte mich oft sehr einsam, hässlich und ungeliebt. Wenn wir am Montag aus dem Wochenende kamen, erzählten die anderen immer, was sie alles erlebt hatten. Ich war manchmal nur alleine und unglücklich zu Hause, deshalb hatte ich das Gefühl, ich sei nicht normal, ich mache etwas falsch. Erst heute sehe ich, dass diese Phasen zum Leben dazugehören. Es braucht Zeit, um sich selbst zu finden, um herauszufinden, wer man ist, was man kann und was man will. Die Einsamkeit gibt uns die Chance, tiefer in uns hineinzuhören, zu entdecken, was in uns steckt. Natürlich gehört es auch dazu, gemeinsam Spaß zu haben, auszugehen, viel zu erleben. Aber es braucht auch die Zeit, um das Erlebte zu verarbeiten, um über Freundschaften und Beziehungen nachzudenken. Wenn ich kein Event und Happening verpassen will, dann bleibt bald keine Zeit mehr für mich.
Die Zeit hatte, ohne dass ich es merkte, für mich gearbeitet. Ich habe in dieser Zeit gelernt, was mir wirklich wichtig ist. So legte ich in meinem Kopf eine kleine Liste von Grundwerten und Interessen an, die mein Partner mit mir teilen sollte. Einige möchte ich hier nennen:
Da mir der Glaube wichtig ist, wollte ich, dass auch mein Partner gläubig ist. Ich konnte mir nicht vorstellen, so eine wichtige Sache in meinem Leben nicht mit ihm zu teilen. Außerdem wünschte ich mir auch, dass er die gleiche Konfession wie ich haben sollte. Ich gehöre der römisch-katholischen Kirche an. Es schien mir schwer vorstellbar, mit einem Partner zu leben,

der am Sonntag einen anderen Gottesdienst besuchen würde als ich. Außerdem überlegte ich mir, wie schwierig das bei der Kindererziehung werden würde. Welche Konfession sollten die Kinder annehmen? Mit welchem Elternteil sollten sie am Sonntag in die Kirche gehen? Solche Fragen könnten zu einer echten Zerreißprobe für die ganze Familie werden. Könnten wir gemeinsam unsere Kinder zum Glauben führen, wenn wir in verschiedene Kirchen gingen?
Außerdem hatte ich noch ein wichtiges Kriterium. Ich wollte, dass mein Partner – so wie ich – bereit ist, bis zur Eheschließung aufeinander zu warten. Das bedeutet, dass wir nicht miteinander schlafen, bis wir verheiratet sind. Eine solche Vorstellung erscheint vielen heute total veraltet. Warum mir das wichtig war, werde ich in Kapitel 10 noch genauer erklären.

Das waren einige meiner Kriterien. Es ist gut, wenn man versucht, herauszubekommen, was einem wirklich wichtig ist im Leben. Das ist nicht immer leicht, aber es lohnt sich. Man lernt dabei viel über sich selber, und ich kann dann viel besser einschätzen, welcher Partner zu mir passt und zu wem ich passe. Daher möchte ich dich hier ermutigen, dir selber einmal die Frage zu stellen: Welche Grundwerte und Interessen habe ich, welche sollte mein Partner mit mir teilen?

6 Nehme ich meinen Partner so an, wie er ist, oder muss er sich erst noch ändern?

Wenn ich verliebt bin, dann trage ich eine rosarote Brille. Alles am Partner ist einfach nur toll. Doch mit der Zeit sehe ich immer schärfer. Wir müssen einsehen, dass der Partner nicht ganz perfekt ist, ja dass er sogar einige Schönheitsfehler hat. Deshalb kann es schwer sein, meinen Partner so anzunehmen, wie er ist. Vielleicht keimt in mir sogar der Plan, dass ich ihm dieses oder jenes noch abgewöhnen werde. Das kann eine Charaktereigenschaft sein oder ein bestimmtes Hobby.

Ein ganz praktisches Beispiel wäre für mich z. B. Fußball. Ich kann mit diesem Sport nicht allzu viel anfangen. Fußball schaue ich nur bei Weltmeisterschaften, und auch nur dann, wenn Deutschland gut spielt. Hätte ich nun einen Partner, der fußballbegeistert ist, wäre dies nicht so einfach. Wahrscheinlich würde er in einer Mannschaft spielen und außerdem eine Bambini-Mannschaft trainieren. Das bedeutet mindestens zweimal pro Woche Training und jedes Wochenende ein Spiel oder Turnier. Was mache ich dann? Jedes Mal entnervt dabeistehen? Man kann eine Weile das Desinteresse überspielen, aber lange geht das nicht. Wahrscheinlich wird man über kurz oder lang unzufrieden. Da liegt die Versuchung nahe, den Partner ändern zu wollen, ihm etwas „abgewöhnen" zu wollen. Das ist aber ein hoffnungsloses Unterfangen.

Betrachten wir einmal eine Eigenschaft an uns selbst, die wir schon immer ändern wollten! Was haben wir nicht alles unternommen, aber es ist nie so ganz geglückt. Wenn wir uns selber schon nicht ändern können, wie soll das dann bei einem anderen funktionieren? Denken wir auch einmal an unsere Eltern. Sie versuchen gerne, unsere unliebsamen Gewohnheiten

„wegzuerziehen“. Wie reagieren wir auf diese Versuche?
Genauso wird auch unser Partner reagieren! Er wird sich mit Händen und Füßen dagegen wehren. Wir werden so nichts erreichen, im Gegenteil, unser Partner wird sein Vertrauen in uns verlieren, weil er immer befürchten muss, sich selbst zu verlieren, um uns zu gefallen. Daher sollte man sich bei allem, was einem am Partner nicht so gefällt, fragen:
„Werde ich das die nächsten 50 Jahre aushalten? Kann ich damit leben?“
Zu diesen Eigenschaften werden sich über die Jahre noch ein paar dazugesellen, aber nicht nur bei ihm, sondern auch bei mir. Daher ist es wichtig, sich zu überlegen, ob man den Partner so annehmen kann, wie er ist, mit seinen Stärken, aber auch mit seinen Schwächen.
In einer Partnerschaft kommt es manches Mal, bewusst oder unbewusst, zu dem Versuch, den anderen ändern zu wollen. Ein solcher Versuch endet aber früher oder später in einem handfesten und sehr ernst zu nehmenden Streit.
Wir müssen über die Jahre immer wieder lernen, dem anderen nicht Vorwürfe zu machen, sondern lieber von den eigenen Bedürfnissen zu sprechen. Wenn ich z. B. die Zeit zu zweit vermisse, nützt es gar nichts, wenn ich versuche, meinem Partner sein Hobby auszureden, ihm ein schlechtes Gewissen deswegen zu machen oder ihn irgendwie davon abzuhalten. Auf solche Versuche reagiert der andere oft sehr aggressiv. Lieber sollte man von sich sprechen, davon, wie sehr man die gemeinsame Zeit genießt und wie oft man den anderen vermisst. In einem solchen Gespräch kann dann auch zur Sprache kommen, dass man vielleicht ein bisschen eifersüchtig auf das Hobby des Partners ist, weil er so viel Zeit dafür investiert. Vielleicht fühlt man sich durch das Hobby zurückgesetzt, nicht genug wertgeschätzt. Ein solches Gespräch ist nicht ganz einfach und hält

viel Konfliktpotenzial bereit, aber es bleibt offen. Jeder kann seine Vorstellungen und Meinungen einbringen, und so kann man gemeinsam nach einer Lösung suchen.
Was mich in unserer Partnerschaft immer wieder erstaunt, ist, dass es außer meiner und seiner Lösung immer auch eine dritte Lösung gibt, nämlich: unsere.
In einem Konflikt sieht jeder Partner oft nur sein Problem und hält deshalb auch nur seine Lösung für sinnvoll. Wenn man aber offen und ehrlich ist, wenn man mit Wohlwollen aufeinander zugeht, dann ergibt sich immer auch eine weitere Möglichkeit, an die wir vorher nicht gedacht haben, mit der wir aber beide gut leben können.
Eine Voraussetzung für ein solches Gespräch ist aber, dass wir uns grundsätzlich gegenseitig annehmen. Diese Annahme durch den anderen schafft Vertrauen. Im gegenseitigen Vertrauen lassen sich auch schwierige Situationen meistern.

7 Können wir miteinander reden?

Diese Frage erscheint vielleicht am Anfang amüsant. Natürlich können wir miteinander reden. Wir reden ja die ganze Zeit. Wir reden über den letzten Kinofilm, erzählen uns von unseren Bekannten, sprechen über die letzte Fete ....

Diese Art von Gespräch meine ich aber nicht.

In einer Partnerschaft kommt nach den anfänglichen Plaudereien auch die Phase, in der die Gespräche eine neue Tiefe annehmen. Was ist damit gemeint?

Über Oberflächliches redet es sich leicht, aber es gibt einige Themen, die sehr sensibel sind, z. B. Zärtlichkeit, unsere Familien, unser Glaube, unsere Träume, unsere Sehnsüchte.

Diese Bereiche betreffen uns zuinnerst. Oft ist es schwer, die eigenen Gedanken in Worte zu fassen. Wenn es mir dann gelungen ist, bleibt die Ungewissheit, ob der andere mich auch richtig verstanden hat.

Es erfordert Mut, diese Themen anzusprechen und ihnen nicht auszuweichen.

Können wir darüber reden?

Nun ist es im Allgemeinen so, dass Frauen mehr und lieber reden und Männer eher zurückhaltend sind. In diesem Bereich zueinander zu finden, ist nicht ganz einfach. Manchmal wollen Männer auch erst über ein Thema nachdenken und später darüber sprechen.

Schwierig wird es, wenn Themen, die uns zuinnerst betreffen, immer ausgespart werden. Wenn in diesen Bereichen kein Gespräch möglich ist, dann ist eine Partnerschaft auf Dauer undenkbar.

Je länger wir verheiratet sind, desto mehr erleben mein Mann und ich, wie wichtig es ist, sich über diese, ja beinahe intimen

Bereiche auszutauschen. Je besser wir den anderen kennen, desto leichter fällt es uns, ihn zu verstehen. Manchmal sagen wir etwas ganz spontan und unreflektiert und verletzen den anderen damit sehr, obwohl wir das nicht wollten. Der Partner reagiert – für uns völlig unerwartet – heftig. Diese Reaktion kann aus einer tiefen inneren Erfahrung kommen. Vielleicht gab es in der Vergangenheit Verletzungen, in der Familie, durch den Partner, in der Schule ... Wenn ich davon weiß, dann kann ich eine solche Reaktion besser einschätzen.

Wenn wir uns voreinander verschließen, so zeigt sich hier mangelndes Vertrauen, und das ist keine Basis für eine Beziehung. Gespräch ist überhaupt der Motor einer jeden Beziehung. Je mehr das Gespräch erlischt, desto schneller erkalten auch die Gefühle füreinander.

Zu diesem Thema gibt es noch viele gute Bücher, die man sich in einer Partnerschaft anschauen sollte. In diesem Kapitel aber geht es mir eher darum, die Intuition zu stärken. Ich glaube, wir haben ein ganz gutes Gespür dafür, ob das Gespräch in der Partnerschaft noch entwicklungsfähig ist, oder ob man unzufrieden ist, weil sich kein Fortschritt abzeichnet.

8 Können wir miteinander streiten und uns wieder versöhnen?

Es gibt Paare, die von sich sagen: „Wir haben noch nie miteinander gestritten." Für mich tauchen da ganz viele Fragezeichen auf. Hat dieses Paar einen ganz eigenen, ganz leisen Weg gefunden, sich zu streiten? Oder aber steckt ein Partner immer den Ärger ein?

Mir erscheint eine solche Aussage sehr fragwürdig und vor allem nicht besonders gesund für eine Partnerschaft.

Bedenken wir einmal: Wir kommen aus ganz unterschiedlichen Familien. Diese Familien haben uns mehr geprägt, als wir das manchmal wahrhaben wollen. Wir denken, dass vieles, was für uns selbstverständlich ist, für andere genauso ist. Doch die Wahrnehmung kann beim Partner eine ganz andere sein.

Außerdem sind wir Mann und Frau. Viele Spannungen ergeben sich aus den geschlechtsspezifischen Eigenschaften. Dazu ein Beispiel:

Ein Paar fährt gemeinsam im Auto nach Hause. Sie fragt ihn: „Hast du Hunger?" Er sagt: „Nein!" Sie ist total enttäuscht und reagiert beleidigt. Warum? Sie hatte nicht wirklich Hunger, aber sie wollte bei einem gemeinsamen Essen noch etwas Zeit mit ihrem Mann verbringen, denn zu Hause warteten die Kinder und jede Menge Arbeit. Der Mann hatte wirklich keinen Hunger. Er antwortete wahrheitsgemäß auf die Frage seiner Frau. Die Frau hatte gehofft, der Mann würde den Wunsch hinter ihrer Frage erraten, aber er wusste nicht, was sie wollte. Diese Unterschiede in der Kommunikation zwischen Mann und Frau müssen manchmal sehr mühsam vom anderen Partner erlernt werden.

Dies ist nur ein einfaches Beispiel, wie sehr Mann und Frau aneinander vorbeireden können. Solche und ähnliche Beispiele enden sehr schnell im Streit.

In einer Partnerschaft gibt es immer wieder Situationen, die zum Streit führen. Wir sind in vielem zu unterschiedlich, das führt zu Verletzungen.

Streit ist nicht besonders angenehm, kann aber wie ein reinigendes Gewitter sein. Unausgesprochene Dinge kommen auf den Tisch und können geklärt werden. Das setzt aber voraus, dass man vorher eine gute Streitkultur erlernt hat.

Die Zeit der Jugend ist nicht immer leicht, aber gerade das, was uns schwer fällt, kann später sehr wertvoll sein. Wenn wir gelernt haben zu streiten, dann ist das für unsere künftige Partnerschaft von großem Vorteil.

Das Schönste am Streit ist die Versöhnung. Wir haben im Streit eine Menge über uns gelernt. Oft dürfen wir gestärkt aus so einem Streit hervorgehen. Dazu gehört, dass wir einander verzeihen.

Es bedeutet auch, sich vergeben zu lassen. Das kann manchmal schwieriger sein als zu vergeben, denn sich und dem Partner einzugestehen, dass man falsch lag, ist nicht leicht.

Daher bedeutet ein Streit nicht sofort das Ende einer Beziehung, im Gegenteil, ein Streit kann zu einer Vertiefung und zu einer Reifung der Beziehung führen, wenn beide Partner fähig sind, einen guten Streit zu führen.

9 Zusammenfassung

Schauen wir uns nun alle Fragen noch einmal an:

1. Meint er mich?
   Oder spielt er nur mit meinen Gefühlen?
2. Meine ich ihn?
   Oder soll er mich nur von meinen Problemen ablenken?
3. Kann ich den Partner bewundern?
   Bewundert der Partner mich?
4. Ist er frei?
   Oder ist er schon vergeben oder verheiratet?
5. Haben wir gemeinsame Grundwerte und Interessen?
6. Nehme ich meinen Partner so an, wie er ist?
   Oder muss er sich zuerst noch ändern?
7. Können wir miteinander reden?
8. Können wir miteinander streiten und uns wieder versöhnen?

Ich habe diese Fragen schon viele Male mit Jugendlichen diskutiert.
Einmal sagte eine junge Frau: „Aber so einen Partner gibt es doch gar nicht." Schauen wir uns noch einmal die Fragen an. Sind die Ansprüche zu hoch gegriffen? Sind die Forderungen utopisch, nicht zu erreichen? Oder handelt es sich eher um das absolut Notwendige, damit eine Partnerschaft überhaupt eine Chance hat zu bestehen?
Warum geht man eine Partnerschaft ein? Um nicht mehr allein zu sein, um ´in´ zu sein, um dazuzugehören, um nicht allein ins Kino und auf Feten gehen zu müssen?
Oder geht es um viel mehr?

Hören wir einmal in uns hinein. Warum suchen wir überhaupt einen Partner? Welche Sehnsucht treibt uns an?
Ich spürte damals den tiefen Wunsch, für einen Menschen ganz da zu sein. Ich wollte ihm meine Zärtlichkeit und meine Liebe schenken. Ich suchte die Ergänzung, es war wie eine Suche nach dem fehlenden Teil in mir.
Wenn wir heute eine Ordensschwester oder einen Priester sehen, dann denken wir vielleicht: „Oh, das könnte ich nicht! Wie lange müssen die mit sich gerungen haben? Wie gut müssen die sich ihre Entscheidung überlegt haben?"
Bei Ordensleuten und Priestern sprechen wir von Berufung. Sie fühlen sich von Gott gerufen. Ihre Entscheidung haben sie sich sehr gut überlegt, aber letzten Endes war es auch eine Entscheidung der Liebe.
Sie fühlten sich von der Liebe Gottes dazu gedrängt, diesen Schritt zu wagen. Jeder Schritt der Liebe ist ein Wagnis, weil man nie weiß, wohin dieser Weg führt. Er bietet keine Sicherheit.
Die Entscheidung zur Partnerschaft und Ehe ist aber genauso wichtig, sie will wohl überlegt und geprüft sein will.
Ich glaube, jetzt wird deutlich, dass man eine wirkliche Partnerschaft nicht einfach so nebenher mal ausprobieren kann. In den Fernsehserien hat man manchmal den Eindruck, jeder Mensch habe ein Recht auf Partnerschaft, damit er nicht allein sein muss. Dann nimmt er halt den, der sich gerade anbietet, und schaut dann, wie lange die Beziehung gut läuft, bis der nächste kommt. Wer Freundschaft und Partnerschaft auf diese leichte und spielerische Art sieht und lebt, muss mit vielen Verletzungen rechnen und verletzt ebenso. Ein solcher Umgang verändert uns, macht uns unter Umständen misstrauisch und somit irgendwann unfähig zu einer echten und tiefen Beziehung.

Es ist immer wieder spannend, Paare zu fragen, wie sie sich kennengelernt haben. Dem Anfang einer jeden Beziehung liegt ein Zauber inne. Oft kann man sich später noch an die verrücktesten Kleinigkeiten erinnern. So geht es auch meinem Mann und mir. Manchmal erzählen wir uns gegenseitig noch einmal, wie das alles war, wie wir uns zum ersten Mal gesehen haben, was der andere getragen hat, wie die Umstände waren...

Mein Mann war damals 27 Jahre und ich 21 Jahre. Wir hatten schon beide intensiv nach dem richtigen Partner gesucht. Als wir uns kennenlernten, war jedem von uns schnell klar: Daraus könnte etwas werden. Gemeinsam machten wir uns auf den Weg, um zu prüfen, ob wir wirklich zusammenpassen. Es war eine wundervolle aber auch anstrengende Zeit. Sie war voller Freude, Zärtlichkeit, Zuneigung, aber auch Enttäuschungen und Auseinandersetzungen. Durch unseren gemeinsamen Weg wurde uns immer deutlicher, dass wir unser Leben gemeinsam leben wollten. Den Heiratsantrag meines Mannes habe ich nur zu gerne mit einem klaren „Ja" beantwortet.

Bis zur Ehe warten? Warum überhaupt heiraten?

10 Warum kann es sinnvoll sein zu warten?

Ein weiterer Punkt, warum man nicht zu spielerisch und sorglos in eine Beziehung stolpern sollte, ist die Frage nach der Sexualität.
In meiner Jugendzeit wurde noch heiß darüber diskutiert, ob man mit seinem Partner schon vor der Ehe schlafen soll oder nicht. Diese Diskussion findet heute nicht mehr statt.
Ich habe diese These vom Warten einmal in einer 8. Klasse in den Raum gestellt. Daraufhin fragte mich eine Schülerin: „Kommen Sie damit nicht ein bisschen zu spät?" Diese Schülerin war 14 Jahre alt.

Diese Situation zeigt, dass es beinahe selbstverständlich geworden ist, auch schon in sehr jungen Jahren sexuell aktiv zu sein. Man nimmt bewusst oder auch eher zufällig sexuelle Kontakte auf. Ich möchte in eine solche Zeit hinein einmal die Frage stellen:

Warum kann es sinnvoll sein zu warten?

Eine junge Frau erzählte mir Folgendes von einer Abschlussfahrt im 13. Schuljahr:
„Ich war mit mehreren Mädchen im Zimmer, die unterhielten sich in der Freizeit darüber, wie viele Pillen man wohl von den normalen Pillenpräparaten nehmen müsse, um die Wirkung der „Pille danach" zu erreichen. Nach einer Weile wurde auch

ich gefragt, welche Pille ich denn nähme, und ich sagte: Keine. Daraufhin meinten alle, dass das doch zu gefährlich sei, da könne ich ja jederzeit schwanger werden. Ich erklärte daraufhin, dass sie mich falsch verstanden hätten. Ich würde gar nicht mit meinem Freund schlafen. Einen Augenblick lang herrschte Stille. Dann fragte mich eine Schülerin: „Und das macht dein Freund mit?" Und in der folgenden Unterhaltung wurde deutlich, dass die Mädchen ebenso gerne noch gewartet hätten."

In Gesprächen spüre ich immer wieder diese Reaktion, gerade bei Mädchen. Eigentlich würden sie gerne noch warten, vielleicht können sie nicht einmal genau sagen warum. Aber offensichtlich gibt es gerade bei Frauen das Bedürfnis, eine Beziehung langsam wachsen zu lassen. Sie wissen wohl intuitiv, was für sie auf dem Spiel steht.

Wie kann so ein Weg gelingen?

Gelingen kann das nur, wenn beide es wollen.
Schauen wir doch einmal, wie alles beginnt!
Am Anfang stehen die Zärtlichkeiten: Wenn man frisch verliebt ist, einander gefunden hat, dann ist es schon ganz spannend, einfach nur Hand in Hand gemeinsam spazieren zu gehen. Wer das noch nicht als spannend erlebt hat, der war vielleicht noch nicht wirklich verliebt, sondern nur irgendwie angezogen von dem anderen. Dann folgt der erste Kuss, der zweite ...
So entwickelt sich eine Stufenleiter der Zärtlichkeit.
Wenn man sich wirklich mag, dann ist der Wunsch nach Zärtlichkeiten da. Die Seelen, aber auch die Körper, wollen einander kennenlernen, sich nahe sein, sich ganz verschenken. Dieser Wunsch ist ganz natürlich und auch notwendig in einer guten Partnerschaft.

Doch gerade im Bereich der Zärtlichkeiten gibt es einige Stolpersteine.
Mein Mann und ich machten während unserer Freundschaft eine eigentümliche Erfahrung. Wenn wir einander Zärtlichkeiten schenkten, waren das wunderbare Augenblicke. Am liebsten wollten wir diese Momente immer wieder erleben, aber wir spürten, dass die Zärtlichkeiten, die wir uns schenkten, nicht immer gleich schön von uns empfunden wurden. Wir sprachen darüber und stellten fest, dass Zärtlichkeiten nur dann wirklich beglückend waren, wenn unsere Seelen auch im Einklang waren. Das bedeutete für uns, dass wir uns unterhielten, uns erzählten, wie es uns ging, was uns bewegte. Natürlich war es manchmal viel leichter, zärtlich miteinander zu sein, als zu reden, denn bei einer Unterhaltung kam es auch immer wieder zu Meinungsverschiedenheiten und Auseinandersetzungen. Denen wollten wir gerne aus dem Weg gehen.
Aber die Zärtlichkeiten, die wir dann erlebten, waren irgendwie leer, sie gaben uns nicht das Wohlgefühl, das wir uns davon erhofft hatten.
Ebenso verhielt es sich, wenn wir Zärtlichkeiten nicht wirklich schenkten, sondern lieber empfangen und genießen wollten. Dann waren sie auf einmal nicht mehr so erfüllt, so schön wie vorher. Wir entdeckten, dass wir in solchen Situationen schnell versucht waren, einen Schritt weiter zu gehen und den Reiz zu erhöhen. Solche Versuche waren eher ernüchternd. Wir fühlten uns danach nicht geliebt, beschenkt und glücklich, sondern irgendwie leer, weiter voneinander entfernt, ja beinahe einsam.
Wir entdeckten auch, dass es die Stärke der Frau ist, dies zuerst zu spüren. Die Seele der Frau ist sehr sensibel und hat hochempfindliche „Antennen“. Wenn ich also ein ungutes Gefühl bei den Zärtlichkeiten spürte, so brachte ich dies zur Sprache.

Das war alles andere als einfach. Meistens „druckste" ich etwas herum, aber mein Mann war in unserer Freundschaftszeit sehr aufmerksam (das ist er heute noch) und spürte, wenn etwas nicht stimmte, und fragte so lange nach, bis ich ihm meine Gefühle erklärte. Nachdem wir darüber gesprochen hatten, ging es uns immer viel besser. Wir hatten uns tiefer kennengelernt und unser Vertrauen zueinander war gewachsen. Das waren wichtige Momente in unserer Freundschaft, die uns auf unserem Weg bestärkten. Mein Mann ermutigte mich damals darin, ihm immer meine Gefühle mitzuteilen, weil er erkannte, dass sie ein wichtiger Wegweiser oder ein Ansatzpunkt für ein weiterführendes Gespräch sein konnten.

Unterschiede zwischen Mann und Frau wahrnehmen

Gerade bei der Erfahrung von Zärtlichkeiten zeigten sich uns die Unterschiede zwischen Mann und Frau.
Im Mann sind die sexuellen Kräfte sehr viel deutlicher und stärker ausgeprägt als bei der Frau. Der Mann reagiert sehr stark auf visuelle Reize, sprich: auf das Aussehen einer Frau, auf das Sehen der sexuellen Reize. Dies weckt in ihm eine starke sexuelle Reaktion.
Eine Frau dagegen empfindet Sexualität dann als beglückend und bereichernd, wenn zuvor ein seelisches Miteinander möglich war; das bedeutet, dass sie das Gefühl hat, von ihrem Partner angenommen zu sein, von ihm geliebt und getragen zu werden.

Wenn ich diese Unterschiede kenne, dann kann ich ganz anders damit umgehen. Eine Frau wünscht sich eher, dass der Partner

auf sie eingeht, dass er auf ihre Gefühle Rücksicht nimmt.
Wie kann ich meinem Partner dabei helfen?
Das beginnt ganz einfach mit der Kleidung. Die Mode hat ihre ganz eigenen Gesetze. Hautenge Jeans, tief ausgeschnittene Tops, bauchfreie, hautenge Pullis, hüftbetonte Röcke und Hosen stellen die weiblichen Reize in den Vordergrund. Da kann es „Mann" schon einmal schwerfallen, den eigenen Blick bis zu den Augen der Frau zu heben und nicht auf halbem Wege hängen zu bleiben. Wenn ich mir als Frau also wünsche, dass mein Freund, oder überhaupt ein Mann, mir in die Augen schaut, mich als Person wahrnehmen soll, dann muss ich ihm die Chance dazu geben.
Das bedeutet ja nicht, sich wie ein Mauerblümchen anziehen zu müssen. Aber ich kann mich fragen, ob ich wirklich jeden neuen Modetrend mitmachen muss.
Um den Unterschieden zwischen Mann und Frau Rechnung zu tragen, ist es also wichtig, bei Zärtlichkeiten aufmerksam zu sein.
In welchen Situationen spüre ich, dass das Verlangen nach „mehr" zu sehr geschürt wird? Wo liegt es an mir, sanft die Handbremse zu ziehen, damit wir uns nicht verlieren?
Letztlich schützen wir beide uns damit. Der Mann wird davor geschützt, die Beherrschung über seine Triebe zu verlieren, und der Frau wird geholfen, im Einklang mit Körper und Seele zu bleiben.
Frauen neigen dazu, harmoniebedürftig zu sein und schneller mal nachzugeben. Das kann auch bei Zärtlichkeiten der Fall sein. Dann lässt sich die Frau vielleicht auf Zärtlichkeiten ein, die ihr eigentlich nicht wirklich gut tun oder gefallen. Um aber keinen Streit zu provozieren, sagt sie nichts.
Leider erlebt die Frau dann einen Katzenjammer der Seele, häufig zeitverzögert. Sie ist mit sich selber unzufrieden, sie fühlt

sich vielleicht ausgenutzt und überrumpelt. Diese Gefühle sind das schleichende Gift für eine Partnerschaft, denn meistens macht die Frau dann insgeheim dem Partner Vorwürfe, ohne dass dieser etwas davon weiß oder ahnt.

Sexualität funktioniert nicht einfach

Für meinen Mann und mich war die Hochzeitsnacht wirklich „die Hochzeitsnacht“. Es war für uns ein echtes Geschenk.
Später haben wir auch erfahren, dass Sexualität nicht immer einfach „funktioniert“. In den Medien sieht das manchmal so aus:
Man lernt sich kennen, man findet sich sympathisch, man schläft miteinander. Und alles läuft scheinbar wie von selbst.
So einfach ist Beziehung aber nicht. Gerade in der Sexualität kann es zu Missverständnissen kommen und damit zu Verletzungen.
Sexualität ist auch nicht immer gleich. Sie verändert sich, wie auch wir uns verändern. Oft hört man das Argument: „Man muss doch ausprobieren, ob man zusammenpasst!“ Das ist eine sehr verkürzte und falsche Auffassung von Sexualität. Wir verändern uns täglich, und somit auch unser Empfinden für Sexualität. Wie schon eben erwähnt, braucht die Frau für eine als beglückend erlebte Sexualität das Gefühl seelischer Nähe. Diese Voraussetzung ist nicht immer einfach zu erreichen.
Ich möchte einmal einen Vergleich anstellen.
Männer haben in ihrer Wahrnehmung verschiedene Schubladen. In der einen ist die Arbeit, in der anderen die Familie, in der nächsten die Partnerin, wieder in einer anderen der Sportverein und in einer weiteren die Sexualität. Ein Mann zieht eine Schublade auf und schließt sie wieder.
Eine Frau hat in ihrer Wahrnehmung nur eine Schublade. Da-

rin ist alles enthalten. Um Sexualität befriedigend zu erleben, muss die Schublade relativ aufgeräumt sein. Wenn sie z. B. einen Streit mit ihrem Partner hatte, braucht sie eine gewisse Zeit, um diesen zu verarbeiten. Daher kann sie sich dem Partner sexuell nicht öffnen, ja Sexualität sogar als unangenehm empfinden.

Ein Mann kann diesen Streit viel schneller vergessen und die Schublade mit der Auseinandersetzung schließen und die Schublade der Zärtlichkeiten ohne Probleme öffnen.

Diese und andere Unterschiede zwischen uns Partnern lernen wir erst nach und nach kennen.

Je besser wir uns kennen, desto besser können wir auf unsere Wünsche eingehen und wissen, was dem anderen gut tut und was nicht.

Sexualität verändert sich und ist nicht immer gleich.

Sexualität verändert den Menschen

Zärtlichkeiten und vor allem der volle sexuelle Kontakt mit einem Menschen führen zu einer unsichtbaren Bindung. Wenn ich mit einem Menschen schlafe, dann ändert sich etwas in mir. Ob wir das nun wollen oder nicht, es baut sich eine Bindung zwischen uns auf. Diese empfinden Frauen viel stärker als Männer. Das liegt auch im Körperbau begründet.

Die Frau ist es, die aufnimmt, die sich öffnet. Wenn ich meiner Freundin ein Geheimnis anvertraue, dann öffne ich mich ihr gegenüber. Es ist dann sehr verletzend, wenn ich erkennen muss, dass sie das Geheimnis nicht für sich behalten hat. Das Vertrauen ist zerstört, und ich werde auch misstrauischer anderen gegenüber. Es fällt mir schwer, ihr wieder zu vertrauen.

Noch viel tiefgreifender ist es, wenn wir uns körperlich jemandem öffnen. Müssen wir dann erkennen, dass unser Vertrauen

missbraucht wurde, dann entstehen tiefe Verletzungen. Diese sind schmerzhaft und nur sehr schwer zu heilen. Manche reagieren mit totalem Misstrauen allen gegenüber. Andere suchen sich ganz schnell einen neuen Partner und schlafen mit ihm, um die alte Erfahrung zu überdecken und so zu vergessen. Das funktioniert auf diese Art natürlich nicht. Die Wahrscheinlichkeit, wieder verletzt zu werden, ist sehr groß. Dann kann es passieren, dass man beginnt, eine innere Mauer aufzubauen. Das bedeutet: Ich suche mir einen neuen Partner, ich werde auch mit ihm intim, aber ich lasse ihn gar nicht so nah an mich heran, weil ich Angst habe, wieder verletzt zu werden.
Wie aber soll eine Beziehung unter solchen Bedingungen gelingen? Eine Partnerschaft lebt von Nähe und Vertrauen. Ist beides nicht gegeben, dann hat die Freundschaft nur eine sehr geringe Chance. Ich werde wieder verletzt, und meine innere Mauer wird höher. Wie hoch die Mauer ist, hinter der wir verschwinden, entscheiden wir selbst.

Mein Mann und ich machten in der Zeit unserer Freundschaft eine weitere Erfahrung, die wir gerne weitergeben möchten.
Am Beginn der Freundschaft hielten wir unsere Hände, dann kam der erste Kuss usw. Wir lernten uns besser kennen, und unsere Zärtlichkeiten wurden mit wachsender Nähe intensiver. Dabei spürten wir, dass es nicht möglich war, hinter dem zurückzubleiben, was wir einmal kennengelernt hatten.
Wenn wir eine Zärtlichkeit ausgetauscht hatten, dann wollten wir sie wieder erleben. Manchmal spürten wir, dass wir eigentlich noch nicht wirklich so weit waren und wir gerne einen Schritt zurückgegangen wären. Das war sehr schwer oder fast nicht möglich. Wir erkannten, dass wir noch besser darauf achten mussten, worauf wir uns einließen.
Wenn ein Weg zurück nur sehr schwer möglich ist, dann ist es

wichtig, sich Grenzen zu setzen. Die Kraft der Sexualität ist sehr stark. Sie drängt uns immer wieder zusammen, und es kostet viel Kraft, ihr zu widerstehen. Wenn wir ihr einfach nachgeben, dann geben wir uns auch ein Stück weit selber aus der Hand. Wir verlieren unsere Freiheit, weil die Kraft der Sexualität uns drängt zu handeln.

Wenn wir auf bestimmte Zärtlichkeiten erst einmal verzichten, wenn wir darauf verzichten, miteinander zu schlafen, dann bewahren wir uns die Freiheit. Das ist nicht immer leicht. Aber man kann sich gegenseitig helfen. Ein paar Tipps dazu:
An erster Stelle steht das Gespräch. Wenn wir miteinander sprechen, dann lernen wir uns besser kennen und helfen uns gegenseitig, nur das zu tun, was uns gut tut.
Wir helfen uns auch dann, wenn wir uns erst gar nicht in schwierige Situationen bringen, z. B. nicht im gleichen Zimmer übernachten.
Verständlich ist der Wunsch, gemeinsam in den Urlaub zu fahren. Diese Herausforderung ist sehr hoch. Wir sind endlich zusammen, wir sind entspannt, wir haben viel Zeit miteinander, wir mögen uns. Der Gelegenheit zu widerstehen, erscheint mir beinahe unmöglich. Wenn wir uns wirklich bemühen, uns gegenseitig die Freiheit zu bewahren und aufeinander zu warten, dann kann der ganze Urlaub dadurch sehr getrübt werden, weil wir ständig gegen unseren inneren Wunsch ankämpfen. Vielleicht geben wir dem inneren Drängen doch nach und empfinden es auch als richtig, weil der Kampf einfach zu schwer war. Wie aber fühle ich mich hinterher? War die Entscheidung wirklich gut?
Die Entscheidung ist nicht mehr rückgängig zu machen. Zu viel Zeit alleine miteinander zu verbringen, kann schwierig werden. Da ist es gut, einfach unter Menschen zu sein.

Wir haben die Erfahrung gemacht, wie gut es ist, aufeinander zu warten.
Unsere erste Begegnung war getragen von tiefem Vertrauen. Wir hatten wirklich zueinander Ja gesagt, jetzt und für immer. Selbst wenn das erste Mal nicht so schön gewesen wäre, so wussten wir doch, dass wir viel Zeit hatten, die Sexualität miteinander zu entdecken.
Dass wir das Warten geschafft haben, betrachten wir nicht als unsere Leistung, wir empfinden es als ein Geschenk, denn leicht ist das sicher nicht. Wir haben uns bemüht, es uns gegenseitig nicht unnötig schwer zu machen. Aber manchmal ist es uns sehr schwergefallen, aufeinander zu verzichten. Unsere Körper drängten zueinander. Deshalb haben wir bald einen Hochzeitstermin gesucht. Die Zeit zwischen dem Kennenlernen und der Hochzeit betrug ein Jahr und zehn Monate. Das ist nicht sehr lang, aber länger hätten wir auch nicht gut aufeinander warten können, das wäre zu schwer geworden.

Eine weitere Frage gilt es zu bedenken:
Ab wann ist es überhaupt sinnvoll, eine Partnerschaft zu beginnen? Wenn wir wirklich aufeinander warten wollen, dann ist es nicht sinnvoll, zu früh eine Partnerschaft zu beginnen. Länger als zwei Jahre aufeinander zu warten, ist für die meisten Paare sehr schwer. Wenn ich also mit 15 Jahren schon eine Freundschaft eingehe, dann ist es wohl unwahrscheinlich, dass ich mit 17 Jahren heiraten kann und will. Früher gab es eine unausgesprochene Regel, die besagte: „Unter 18 Jahren keinen Freund!"
Ist eine solche Ansicht total veraltet und heute nicht mehr zeitgemäß? Durch lange Schul- und Ausbildungszeiten wird der Zeitpunkt einer gemeinsamen Lebensplanung immer wei-

ter nach hinten gerückt. Nicht zu unterschätzen ist der Einfluss der jeweiligen Ausbildung auf unsere Persönlichkeitsentwicklung. Hier können mitunter ungeahnte Veränderungen in uns und unserem Partner stattfinden. Unsere Sicht auf das Leben ist vielleicht nicht mehr so leicht vereinbar wie zu der Zeit, als wir z. B. die gleiche Schule besucht haben.

Zeit für meine eigene Entwicklung

Ich bin heute Mutter von drei Kindern. Als unser erstes Kind zur Welt kam, war das eine wunderbare und gleichzeitig nicht immer leichte Erfahrung. Ich musste 24 Stunden am Tag für den kleinen Wonneproppen da sein. Meine Interessen und meine Bedürfnisse musste ich hintanstellen. Ich war froh, dass ich meine Jugendzeit so voll und ganz ausgenutzt hatte.
In der Jugendzeit haben wir für uns selber die meiste Zeit. Wir gehen zur Schule, wir können unseren Hobbys nachgehen, unsere festen Aufgaben sind eher begrenzt. Wir haben Zeit, uns selbst kennenzulernen und vieles auszuprobieren. Es war mir möglich, Reisen nach Frankreich, Italien und Israel zu unternehmen. Ich erlebte mit 16 Jahren als Austauschschülerin ein Jahr in Amerika. Die Zeit, die ich mit verschiedenen Jugendgruppen verbrachte, möchte ich nicht missen. Ich lernte damals mich selber, meine Fähigkeiten und meine Grenzen besser kennen. Sicher suchte und sehnte ich mich nach der Geborgenheit und der Nähe eines Partners. Ich sah aber auch, dass Mädchen in meinem Alter, die einen Freund hatten, weniger unternahmen als ich, weil sie nicht so lange von ihrem Freund getrennt sein wollten. Ich bin froh über die vielen wertvollen Erfahrungen und habe heute, wo ich mehr Verantwortung für andere trage und meine Interessen oft hintanstellen muss, nicht das Gefühl, etwas verpasst zu haben.

Eine Partnerschaft bindet viel Zeit – Zeit, die ich für meine eigene Entwicklung brauche. Die freieste Zeit im Leben ist wahrscheinlich die zwischen 16 bis 24 Jahren. Mit 16 Jahren bekommt man mehr Freiheiten von seinen Eltern und kann lernen, allein verantwortlich zu handeln. Die Freiheiten, die wir dort genießen dürfen, helfen uns, uns selber auf die Spur zu kommen. Und das ist gar nicht so einfach.

Einsamkeit aushalten und dadurch wachsen

Ist es euch auch schon einmal so gegangen, dass ihr am Wochenende einfach nur eure Ruhe wolltet und euch irgendwie unglücklich in eine Ecke verkrochen habt?
Am Montag kommt man dann in die Schule, und alle erzählen von den tollen Erlebnissen, die sie hatten, alle waren gut drauf und hatten die coolsten Sachen erlebt. Vielleicht denkt Ihr dann: „Nur ich habe traurig herumgesessen und habe mich schlecht und unglaublich einsam gefühlt!"
Diese Phasen gerade im Jugendalter sind total normal, und ich glaube, jeder erlebt sie einmal. Solche Phasen auszuhalten, kann sehr schwer sein, aber sie sind dringend nötig.
Wie soll ich mich besser kennenlernen, wenn ich mir nie Zeit dafür nehme? Dieses tiefe Gefühl der Einsamkeit hilft uns, uns besser in andere hineinzuversetzen. Wir lernen, auf andere Rücksicht zu nehmen. Diese Erfahrung hilft uns, so verrückt es sich auch anhört, in der Partnerschaft weiter.
Kein Partner kann unser Herz wirklich bis ins Letzte ausfüllen. Wir können uns noch so nahe sein, ein letztes Stück Einsamkeit wird uns immer bleiben. Es ist daher gut, diese Erfahrung einmal gemacht zu haben, und auch die Erfahrung: Das Leben geht trotzdem weiter und es kommen auch wieder bessere Zeiten. Dann halte ich auch solche Phasen in der Partnerschaft aus und gebe

nicht meinem Partner dafür die Schuld oder verlasse ihn sogar. Eine Partnerschaft ist ein sehr schöner, aber manchmal auch ein sehr anstrengender Weg. Auf diesem Weg kann man nur bestehen, wenn zwei reife Persönlichkeiten aufeinander treffen. Eine reife Persönlichkeit ist man nicht automatisch, man muss eine Menge lernen und eine Menge dafür investieren.
Schauen wir einmal die Ehe unserer Eltern an. Wir wissen genau, wo die Schwierigkeiten liegen, wir wissen, bei welchen Themen es leicht zu einem Streit kommt. Als ich noch keinen Freund hatte, dachte ich oft: „Bei mir wird das alles ganz anders!" Wir streiten heute vielleicht über ganz andere Themen, aber ich weiß nun, dass Auseinandersetzungen, Verletzungen und Missverständnisse in jeder Partnerschaft vorkommen. Wir sind einfach zwei Menschen, die sich lieben. Wir legen aber nicht alle Ecken und Kanten ab, wenn wir eine Partnerschaft eingehen.
Daher kann es hilfreich sein, einmal für sich selbst zu überlegen:

Was ist für eine gute Ehe notwendig?
Was führt zu Schwierigkeiten?
Was möchte ich genauso machen wie z. B. meine Eltern?
Was möchte ich einmal anders machen?

In einem Gespräch mit Jugendlichen sagte eine junge Frau zu mir: „In Ihren Ausführungen läuft immer alles auf die Ehe hinaus. Ich will aber gar nicht heiraten. Ich habe das Theater um eine Trennung nun schon zwei Mal zu Hause erlebt. Ich werde ganz sicher nicht heiraten, sondern mit meinem Freund zusammenleben."
Dieses Lebensmodell wird heute von vielen bevorzugt.
Ist es überhaupt sinnvoll zu heiraten, bei allem was man hört und zum Teil auch miterlebt? Ist eine so feste Bindung wirklich gut?

11 Ist es sinnvoll zu heiraten?

Immer mehr Paare entscheiden sich dafür, einfach so zusammenzuleben. Eine feste Bindung schieben sie immer wieder vor sich her.

Warum sollte ich mich binden und das Risiko einer schlechten Partnerschaft eingehen? Wenn ich mich nicht richtig binde, dann kann ich mich jederzeit lösen.
Der Gedanke scheint logisch, ja sogar vernünftig. Gegen dieses Argument spricht aber die Zeit.

Im Jugendalter sieht es so aus, als hätten wir endlos Zeit, aber diese Einschätzung trügt. So wie ich nur über eine begrenzte Zeit verfüge, um mich selber in der Jugendzeit kennenzulernen und vieles auszuprobieren, so habe ich auch nur eine begrenzte Zeit, um zu prüfen, ob ein Partner zu mir passt.
Es könnte z. B. so sein: Wir lernen einen Partner kennen und merken bald, wie sehr wir uns mögen. Wir wollen uns jeden Tag sehen und beschließen zusammenzuziehen. Die gemeinsame Wohnung wird eingerichtet, ein gemeinsamer Freundeskreis entwickelt sich, so etwas wie Alltag stellt sich ein. Monate, Jahre ziehen ins Land. Irgendetwas stimmt nicht mehr, wir mögen uns, wir fühlen uns wohl miteinander, aber es fehlt etwas. Im Nacken bleibt immer das ungute Gefühl: „Wird der Partner bleiben?“ Geht die Partnerschaft wirklich auseinander, so habe ich wertvolle Jahre verloren, mich selbst besser kennenzulernen und mich auf eine verlässliche Partnerschaft vorzubereiten. Nun brauche ich Zeit, um die gemachten Erfahrungen und auch Enttäuschungen zu verarbeiten. Auch diese Zeit wird mir fehlen.

Fragen wir uns einmal ehrlich „Warum heiraten wir eigentlich nicht?“, dann fallen uns vielleicht spontan Gründe ein, die wir vorher verdrängt haben. Vielleicht haben wir gehofft, die Schwierigkeiten würden schon irgendwie zu bewältigen sein. Aber wenn ich mir vorstelle „Jetzt und für immer!“, bin ich dann noch genauso optimistisch? Welche Gründe halten mich davon ab? Sprechen sie eigentlich generell gegen eine gemeinsame Zukunft?

Wenn ich heute ja sagen kann, aber mein Partner nicht, wird sich dieses Problem wirklich durch weiteres Warten aussitzen?
Was passiert, wenn mein Partner sich nach ein paar Jahren gegen mich entscheidet? Was wird dann aus mir? Kann ich mich emotional von ihm lösen? Kann ich mich wieder auf eine neue Partnerschaft einlassen? Habe ich vielleicht Angst vor einer neuen Bindung, weil ich nicht noch einmal so enttäuscht werden will?
Wie sieht ein neuer Partner eine solche Situation? Wird er Angst haben, mit dem ehemaligen Partner verglichen zu werden?
Hat er Bedenken, dass ich noch immer dem ehemaligen Partner nachtrauere, mich also nicht wirklich auf eine neue Beziehung einlassen kann?
Diese Fragen stellen sich besonders dann, wenn man schon einige Jahre zusammengewohnt hat, denn gemeinsame sexuelle Erfahrungen binden uns aneinander. Sie machen es uns schwer, eine wirklich freie Entscheidung für oder gegen eine Partnerschaft zu treffen.
Natürlich schützt eine Heirat nicht immer vor dem Verlust eines Partners. Doch der Mensch sehnt sich nach einer festen Bindung. Er möchte für einen Menschen da sein, er sehnt sich nach Vertrauen, nach Bindung, ja auch nach Sicherheit. Natür-

lich gibt es auch in der Ehe keine absolute Sicherheit, aber es ist etwas ganz Besonderes, wenn ein Mann und eine Frau sich versprechen: „Du für immer!"

Ehe – ein Sakrament

Wenn dieses Versprechen in der Kirche gegeben wird, dann haben wir einen Beistand – Jesus selbst. Wenn wir sehen, wie viele Partnerschaften und Ehen um uns herum zerbrechen, dann fällt es wirklich schwer, eine solche Bindung zu wagen. Alleine sind wir dazu fast gar nicht in der Lage. Es lauern so viele Schwierigkeiten auf dem Weg. Mein Mann und ich haben immer wieder die Hilfe Gottes in unserer Ehe erfahren. Wenn alles ausweglos erschien und wir um Gottes Hilfe baten, dann kam es immer wieder zu einer guten Lösung. Wir erkannten, wo unsere Schwierigkeiten lagen. Ein Gespräch, das vorher nicht mehr möglich erschien, kam wieder in Gang. Wir konnten uns einander öffnen, waren wieder in der Lage, uns zu verstehen, einander zu verzeihen. Ohne Gottes Beistand wäre uns vieles zu schwer geworden. Wenn wir von der Ehe als Sakrament sprechen, dann bedeutet das: Begegnung mit Gott!
Gott ist der Dritte in unserem Bund. Er will uns beistehen.
Jedes Sakrament in der katholischen Kirche hat ein bestimmtes Zeichen. Bei der Taufe ist es das Wasser, bei der Beichte die Lossprechung. Was kennzeichnet die Ehe?
Es ist nicht etwa nur das Eheversprechen oder der Tausch der Ringe oder der Segen des Priesters. Das Zeichen des Sakramentes der Ehe ist auch das „Einswerden". Das bedeutet, die Ehe gilt erst dann als vollzogen, wenn die Ehepartner miteinander geschlafen haben. Ist es nicht erstaunlich, wie wichtig die katholische Kirche die Sexualität nimmt? Warum tut sie das?
Sexualität ist mehr als die Befriedigung unserer Triebe, mehr als

ein schönes Gefühl. Wenn Mann und Frau miteinander schlafen, dann werden sie laut der Sprache der Bibel „ein Fleisch". Sie sind nicht mehr zwei, sie sind eins geworden. Unsere Seelen erahnen diesen Vorgang besser als unser Verstand. In der Bibel gibt es außerdem das schöne Wort „erkennen". Mann und Frau erkennen sich im Innersten, das ist mehr als ein körperlicher Vorgang, das betrifft Körper, Seele, Geist, Verstand und alles, was den Menschen ausmacht.
In der Ehe hat dieser sensible Vorgang den geschützten und intimen Raum, den sie braucht, um zu wachsen und zu reifen. In einem solchen Rahmen überstehen wir auch Enttäuschungen und Rückschläge, denn die Ehe ist vom Innersten her angelegt auf Verzeihen und Neuanfang.
Der Priester, der uns getraut hat, sagte in der Predigt:

Ehe das bedeutet:

E – für endgültig; du für immer!
So wie Gott das Ja zu uns nie zurücknimmt, so soll die Ehe das Abbild der Liebe Gottes zum Menschen sein.
Gott selber ist der Mittelpunkt der Ehe.

H – für Heimat!
Wir dürfen einander Heimat sein, wir dürfen beieinander ausruhen von den Forderungen des Alltags. Wir dürfen einander stützen und den Partner als Halt erleben.

E – für Erbarmen!
In der Ehe dürfen wir uns gegenseitig Erbarmen zusprechen. Wir dürfen einander vergeben und Vergebung erfahren. Wir wissen, dass wir Fehler haben und machen. In der Ehe dürfen wir „wir selbst" sein und auch wachsen durch das Erbarmen Gottes und das Erbarmen, das wir uns als Partner schenken.

Mein Mann und ich erleben die Ehe genau so. Wir erleben Zeiten großer Nähe und Liebe. Wir erleben auch immer wieder Zeiten der Enttäuschung und des Streites, aber wir durften erfahren, dass die schlechten Zeiten uns nie wirklich ganz getrennt haben. Wir durften sogar näher zueinander finden. Die Ehe ist der Stand, in dem wir das tiefe Glück erfahren, das wir gesucht haben. Dafür immer wieder neu zu kämpfen, durch alle Schwierigkeiten hindurch, lohnt sich für uns.

Es gibt viele, die unter zerbrochenen Partnerschaften leiden müssen. Ein solches Leid ist sehr schmerzhaft und tief. Aber das sollte uns nicht den Mut nehmen, es miteinander zu versuchen. Es ist den Versuch wert!
Allen schlechten Meldungen zum Trotz gibt es immer noch so viele glückliche Partnerschaften. Würden wir nicht daran glauben, dann bräuchten wir ja erst gar nicht nach einem Partner suchen.
Zu glauben, man könnte einer gescheiterten Beziehung aus dem Weg gehen, indem man sich erst gar nicht bindet, ist eine Farce.

Heiraten ist zutiefst sinnvoll. Es ist ein Sprung, ein Wagnis, vielleicht das letzte wirklich große Wagnis in unserer abgesicherten Welt, aber ein Wagnis, das den Einsatz lohnt.

Verhüten oder regeln?

12 Verantwortlich mit Sexualität umgehen

Ob ich nun heirate oder nicht, sobald ich sexuell aktiv sein möchte, muss ich mir über die Verantwortung, die ich damit übernehme, klar werden.
Wenn ich mit meinem Partner schlafe, kann es zu einer Schwangerschaft kommen. Eine Schwangerschaft verändert das Leben beider Partner komplett.
Um Sexualität genießen zu können, die Folgen aber nicht tragen zu müssen, verwendet man Verhütungsmittel. Heute kann ein Mädchen mit 14 Jahren ohne das Einverständnis der Eltern die Pille bekommen. Kondome sind ohnedies leicht im Handel erhältlich. Warum also warten?

Um hier eine wirkliche Entscheidung treffen zu können, braucht es eine Menge an Informationen. In den nächsten Kapiteln habe ich einiges zum Thema Verhütung zusammengestellt. Dieser Themenkomplex ist sehr umfangreich, sodass ich hier nicht alles aufführen, erklären und erläutern kann. Ich möchte aber bewusst die Aufmerksamkeit auf einige Punkte lenken, die mir wichtig erscheinen.

Verhüten oder regeln?

Die Überschrift scheint vielleicht im ersten Augenblick unverständlich. Die zwei Wörter „verhüten“ oder „regeln“ entspringen aber zwei völlig verschiedenen Wegen, mit Fruchtbarkeit umzugehen.

Wenn wir hier von Fruchtbarkeit sprechen, dann soll damit ausgedrückt werden, dass aus dem zärtlichen Einswerden eines Mannes und einer Frau auch eine Frucht entstehen kann, nämlich ein Kind.
Wir wollen verschiedene Wege beleuchten, wie man mit der Fruchtbarkeit umgehen kann. Zuerst möchte ich aber einige biologische Zusammenhänge erklären und einiges zum Zyklus der Frau erläutern. Dabei greife ich auf die umfassende wissenschaftliche Forschung von Prof. Dr. med. Josef Rötzer zurück.

Was geschieht während eines Zyklus?

Der Zyklus der Frau beginnt mit dem ersten Tag der Regelblutung. Die Regelblutung dauert zwischen drei und sechs Tagen. Diese Tage nehmen die Frauen im Zyklus am stärksten wahr und sind oft mit negativen Gefühlen besetzt. Manche Frau leidet während dieser Zeit unter körperlichen Beschwerden, wie z. B. Kopfschmerzen, Krämpfe im Unterbauch oder in den Waden. Durch die Menstruation verliert der Körper unter anderem Magnesium. Da unsere Böden nicht mehr so magnesiumreich sind, kann dieses Defizit nicht mit der Ernährung ausgeglichen werden. Hier ist es empfehlenswert, zusätzlich Magnesium einzunehmen. Es wirkt Krämpfen entgegen und hat auch oft zur Folge, dass die Regelblutungen nicht so stark und schmerzhaft sind.

Mit der Regelblutung beginnt also ein neuer Zyklus.
Was passiert dann im weiteren Verlauf eines Zyklus im Körper der Frau?
In den Eierstöcken der Frau befinden sich ca. 400.000 Eizellen.
Eine dieser Eizellen bereitet sich nun auf den Eisprung vor.
Jede Eizelle ist mit einer Hülle umgeben. Die Eizelle selber ist

nur so groß wie die Spitze einer Nadel und ist die größte Zelle des menschlichen Körpers. Nun beginnt sich die Hülle der Eizelle, das sogenannte Eibläschen (Follikel), mit Flüssigkeit zu füllen. Dabei wird es immer größer und erreicht einen Durchmesser von ca. 2 cm oder mehr. Dieses Eibläschen produziert weibliche Hormone, die Östrogene. Diese Hormone sind in der ersten Phase des Zyklus sehr wichtig.

Betrachten wir das folgende Schaubild:

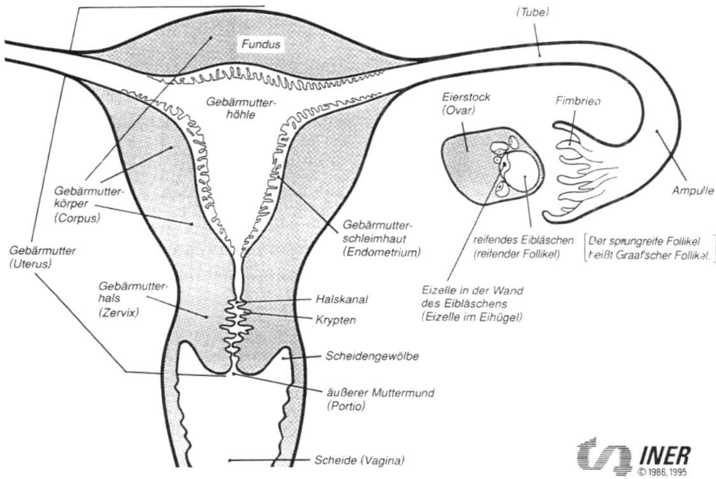

(entnommen den INER-Schulungsmaterialien Institut für Natürliche Empfängnisregelung von Prof. Dr. med. Josef Rötzer)

In der Mitte sehen wir die Gebärmutter. Der Eingang zur Gebärmutter liegt innerhalb der Scheide. Das ist der sogenannte Muttermund (Portio). Der Muttermund und der Gebärmutterhals (Zervix) sind zu Beginn des Zyklus durch einen Schleimpfropfen verschlossen. Die Hormone Östrogene bewirken nun unter anderem, dass der Schleimpfropfen, der den Gebärmutterhals verschlossen hat, sich im Zyklusverlauf verflüssigt und neuer Schleim in den Ausbuchtungen (Krypten) gebildet wird. Diesen Zervixschleim können die meisten Frauen wahrnehmen. Man kann Spuren davon im Slip finden oder nimmt ihn nach einem Toilettengang wahr. Wenn sich die Frau mit einem festen Toilettenpapier reinigt, dann kann sie diesen Schleim auf dem Papier gut erkennen. Da sich nun der Schleimpfropfen aufgelöst hat, ist der Weg für evtl. vorhandene Samenzellen frei, sie können in die Gebärmutter aufsteigen.

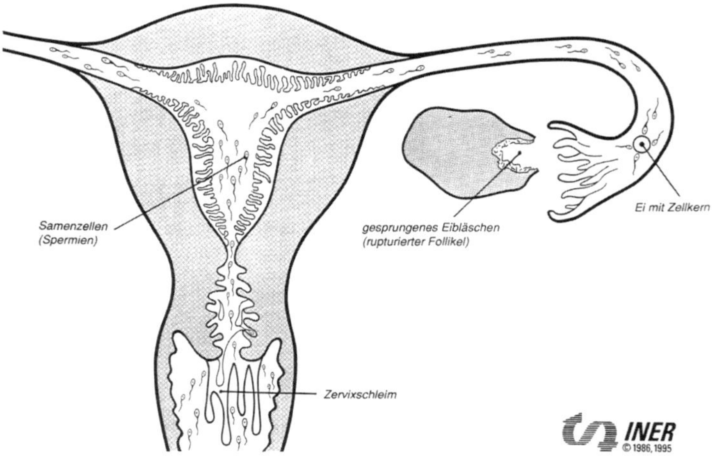

(entnommen den INER-Schulungsmaterialien Institut für Natürliche Empfängnisregelung von Prof. Dr. med. Josef Rötzer)

Die Spermien können also nun auf ihrem Weg durch die Scheide den Gebärmutterhals erreichen. Der Zervixschleim hat bei diesen Vorgängen eine wichtige Bedeutung. Er ist für das Überleben der Samenzellen notwendig. Das Klima in der Scheide ist für die Spermien normalerweise zu sauer und sie sterben ab. Wenn aber die Samenzellen auf nur eine winzig kleine Menge dieses Zervixschleimes treffen, können sie mehrere Tage darin überleben und auf einen evtl. Eisprung warten. Sie können den Gebärmutterhals durchwandern und erreichen die Gebärmutter. Danach gelangen sie durch die Eileiter in die Ampullen. Wenn nun der ca. 2 cm große Follikel platzt, gibt er die Eizelle frei. Das Ei wird dann von der Ampulle aufgefangen und bleibt dort ca. 8 Stunden befruchtbar. Hat nun ein Spermium das Ei erreicht, so kann es zu einer Befruchtung kommen und ein neues Leben entsteht.

Der Hohlraum des geplatzten Follikelbläschens füllt sich mit Zellen an, die dann den sogenannten Gelbkörper bilden. Nun wird das Gelbkörperhormon ausgeschüttet. In der Zeit, wo dieses Hormon wirksam ist, wird verhindert, dass es zu einem erneuten Eisprung kommt. Nun wird im Körper alles auf eine evtl. Schwangerschaft vorbereitet. Die Gebärmutterschleimhaut wird nun weiter aufgebaut, sodass ein befruchtetes Ei, das neue Leben, sich dort einnisten kann.
Kommt es nach dem Eisprung aber nicht zur Befruchtung, dann stirbt die Eizelle ab. Die Produktion des Gelbkörperhormons wird eingestellt und die Gebärmutterschleimhaut wird abgestoßen. Diesen Vorgang nehmen wir dann als Regelblutung wahr, und damit beginnt der neue Zyklus.

Dies war ein Versuch, einen sehr komplexen Vorgang mit wenigen Worten zu erklären. Wenn also eine Frau und ein Mann miteinander schlafen, besteht die Möglichkeit, dass aus ihrem Zusammensein neues Leben entsteht.
Wie gehen wir mit diesem Wissen um?

In den folgenden Kapiteln gehe ich auf die Wörter, bzw. auf die Vorgänge von „verhüten“ und „regeln“ ein.

13 Verhüten – Die „Pille“

Das Wort, das uns in diesem Zusammenhang am geläufigsten ist, ist das Wort „Verhütungsmittel“. Daher möchte ich darauf auch zuerst eingehen:
Wenn ein Paar sexuell aktiv sein möchte, aber nicht die Verantwortung für die Zeugung eines Kindes übernehmen will, dann greifen viele auf Verhütungsmittel zurück.
Zur sogenannten Verhütung stehen verschiedene Möglichkeiten zur Verfügung. Ich möchte einige genauer anschauen und ihre Wirkweise erklären. Dabei gehe ich besonders auf Aspekte ein, die mir wichtig erscheinen. Es ist mir nicht möglich, hier alles umfassend auszuführen. Wer weitere Informationen sucht, sollte sich an seinen Gynäkologen wenden.
Unbedingt wissen sollte man, dass auch Verhütungsmittel nicht 100-prozentig eine überraschende Schwangerschaft verhindern können. Um diese Möglichkeit irgendwie einschätzen zu können, gibt es den sogenannten Pearl-Index. Er gibt die Wahrscheinlichkeit an, mit der eine Frau schwanger werden kann, wenn das Paar ein bestimmtes Verhütungsmittel verwendet. Wenn der Pearl-Index eines Verhütungsmittels mit 3 beziffert wird, dann bedeutet das Folgendes:
Wenn 100 Frauen ein Jahr lang dieses Verhütungsmittel anwenden, kommt es zu drei überraschenden Schwangerschaften.

Die „Pille“

Die sogenannte „Pille“ ist wohl das bekannteste Verhütungsmittel. Der Pearl-Index für die „Pille“ wird mit 0,2 bis 6 angegeben.[1] Beim Pearl-Index spricht man auch von der Versagerquote.

[1] *Vgl. Ehmann in Süßmuth, S. 154 (siehe Literaturverzeichnis).*

Wenn man sich vorstellt, dass durch ein solches „Versagen" neues Leben entsteht, dann merkt man, wie lebensfeindlich ein solcher Ausdruck ist. Der Ausdruck Versagerquote zeigt an, dass ein Verhütungsmittel, in diesem Fall die „Pille", eben nicht völlig sicher ist. Diese Quote ist bei Jugendlichen sehr viel höher, zwei Untersuchungen sprechen von einem Pearl-Index bis zu 18.[2]

Damit die Pille richtig wirkt, muss sie regelmäßig eingenommen werden. Schon wenn einmal die Einnahme vergessen wurde, ist die Sicherheit nicht mehr gegeben. Einige Präparate müssen sogar immer zu einer bestimmten Uhrzeit genommen werden, nur geringe Abweichungen sind erlaubt. Bei Durchfall oder Erbrechen kann es passieren, dass die Hormone erst gar nicht ihre Wirkweise entfalten, weil sie schon vorher den Körper wieder verlassen haben.

Die Wechselwirkung mit anderen Medikamenten ist noch nicht endgültig geklärt, ebenso wenig die Wirkung von Nikotin und Koffein auf die Aufnahme der Pillenhormone durch den Körper.

Diese Informationen zeigen, dass es keinen 100-prozentigen Schutz vor überraschenden Schwangerschaften gibt. Eine Schwangerschaft aber verändert unser Leben nachhaltig.

Wie wirkt die „Pille"?

1. Ovulationshemmung

Die ursprünglich gewünschte Wirkung war, den Eisprung (die Ovulation) zu unterdrücken. Das bedeutet, dass die Hormone das Heranreifen von Eibläschen in den Eierstöcken und den Eisprung verhindern sollten. Wenn es keinen Eisprung gibt, kann es auch nicht zur Befruchtung kommen. Daher bekam

---

2 *Vgl. Ehmann in Süßmuth, S. 154.*

die „Pille“ auch den Namen „Ovulationshemmer“. Sie sollte die Ovulation, also den Eisprung, hemmen. Da die Nebenwirkungen der ersten Pillenpräparate aber zu stark waren, wurde die Hormonzusammensetzung geändert und bestimmte Hormonanteile gesenkt. Dies führte dazu, dass es zur sogenannten „Durchbruchsovulation“ kam. Das bedeutet, die Hormongabe konnte einen Eisprung nicht immer verhindern, im Eierstock kam es doch zur Follikelreifung und zum Eisprung.

2. Eindicken des Zervixschleims

Um eine Befruchtung des gesprungenen Eies zu verhindern, soll durch die Hormongabe außerdem der Zervixschleim eingedickt werden, damit Spermien erst gar nicht in die Gebärmutter aufsteigen können.

Das klingt auf den ersten Blick gut, ist aber bei näherer Betrachtung unlogisch. Denken wir noch einmal zurück: Wenn es doch zum Wachstum eines Follikels kommt, dann wird in der Follikelwand das Hormon Östrogen gebildet. Dieses Hormon wirkt der Verdickung des Zervixschleimes genau entgegen. Im Falle einer Durchbruchsovulation wird der Zervixschleim doch verflüssigt, eine Befruchtung ist möglich.

Kommt es nicht zu einer Durchbruchsovulation, dann ist auch die Zervixschleimverdickung nicht nötig, denn nun ist kein Ei da, was befruchtet werden könnte.

Die Verdickung des Zervixschleimes wird immer gerne angeführt, um die positive Wirkweise der „Pille“ zu verdeutlichen. Beim genauen Hinschauen aber hält diese Argumentation nicht im vollen Maße stand.[3]

3. Tubenfaktor – Eileiterfaktor

Die Hormone der „Pille“ beeinflussen die Tubenmobilität. Das

---

3 *Vgl. Ehmann in Süßmuth, S. 83 f.*

bedeutet, die Tube – der Eileiter – transportiert das Ei nach seiner Befruchtung in einer bestimmten Art und Weise zur Gebärmutter. Die Hormone der „Pille“ stören diesen Transport. Sie bewirken, dass der Eileiter sich langsamer bewegt als sonst. Das befruchtete Ei, das Kind, trocknet auf seinem Weg zur Gebärmutter buchstäblich aus. Es erreicht nicht rechtzeitig die Gebärmutter, um durch die Einnistung neue Nährstoffe aufzunehmen.
In den Eileitern befindet sich eine bestimmte Flüssigkeit, das sogenannte Tubensekret. Die Zusammensetzung dieses Sekretes wird durch die Hormone der „Pille“ so verändert, dass die Eireifung nicht wie sonst ablaufen kann.[4]

4. Nidationshemmung

Mit diesem Wort ist Folgendes gemeint:
Wenn das befruchtete Ei, der neue Mensch, nach seiner Wanderschaft durch den Eileiter die Gebärmutter erreicht, dann versucht es sich in der Gebärmutterschleimhaut einzunisten. Unter dem Einfluss der Hormone Östrogene und Progesteron baut sich die Gebärmutterschleimhaut normalerweise so auf, dass für die Einnistung alles optimal vorbereitet ist.
Die „Pillenhormone“ aber verändern das Endometrium (die Gebärmutterschleimhaut) so, dass der Embryo sich nicht einnisten kann.[5]

Gedanken zum Tubenfaktor und zur Nidationshemmung

Die beiden zuletzt genannten Wirkfaktoren, die Nidationshemmung und den Tubenfaktor, möchte ich noch einmal beleuchten.

---

4 *Vgl. Ehmann in Süßmuth, S. 95 f.*
5 *Vgl. Ehmann in Süßmuth, S. 84 f.*

Aus biologischer Sicht ist es eindeutig, dass neues Leben mit der Verschmelzung von Samen- und Eizelle beginnt. Nach der Verschmelzung beginnen die Zellen einen Teilungsprozess, der erst mit dem Tod des Menschen endet. Es gibt noch ein Zeichen, das diese Tatsache sehr schön verdeutlicht. Wenn es zu einer Befruchtung gekommen ist, sendet das neue Menschenkind ein eigenes Hormon aus. Das sogenannte Schwangerschaftshormon ß-HCG lässt sich schon bald in einem Schwangerschaftstest nachweisen. „Da dieses frühe Schwangerschaftshormon vom Kind ausgesendet wird und nicht vom mütterlichen Organismus, zeigt dies sehr deutlich, dass es sich bei diesem Kind bereits um ein eigenständiges Wesen handelt." Die Aussendung dieses Hormons ist wichtig, weil das Kind sonst wie ein Fremdkörper vom Organismus der Frau behandelt würde. Es bestünde die Gefahr, dass es, wie ein transplantiertes Organ, abgestoßen würde. Die Ausschüttung des Hormons bewirkt also, dass eine Art Schutzmechanismus aufgebaut wird, sodass das neue Leben wachsen kann.[6]

Bei der Nidationshemmung wird verhindert, dass ein befruchtetes Ei sich einnisten kann. Die Bedingungen im Mutterleib werden so verändert, dass ein neues Leben, ein neuer Mensch, keine Chance hat zu überleben. Ihm wird die Möglichkeit genommen, sich zu entwickeln.

Dies geschieht zu einem sehr frühen Zeitpunkt im Leben eines Menschen, und doch nimmt im Augenblick der Befruchtung eine Entwicklung ihren Anfang, die erst mit dem Tod gestoppt wird.

Man hört oft, dass eine Schwangerschaft erst beginnt, wenn sich die befruchtete Eizelle in der Gebärmutterschleimhaut eingenistet hat. Das neue Leben hat aber schon vorher begonnen. Ich gehe deswegen so intensiv auf diesen Punkt ein, weil mir wichtig ist zu zeigen, was da passiert.

---

6 *Vgl. Mensch von Anfang an – INER, Prof. Dr. med. Rötzer/ Elisabeth Rötzer 1993/1997 (siehe Literaturverzeichnis).*

Der Vorgang der Nidationshemmung ist somit eine Abtreibung im frühesten Stadium. Mit dem Tubenfaktor verhält es sich genauso. Vielen Menschen sind diese Zusammenhänge nicht klar. Wer sich mit diesem Thema genauer beschäftigen möchte, dem empfehle ich das Buch „Empfängnisverhütung – Fakten, Hintergründe, Zusammenhänge“, herausgegeben von Roland Süßmuth. In diesem Buch kommen die verschiedensten Wissenschaftler und Ärzte zu Wort, die sich mit dem Thema der Empfängnisverhütung wissenschaftlich auseinandergesetzt haben.

Nebenwirkungen der „Pille“

Nun haben wir die Wirkungsweise der „Pille“ beleuchtet. Doch dabei möchte ich es nicht belassen. Die „Pille“ ist ein Medikament, das gesunden Frauen zur Einnahme gegeben wird. Medikamente werden eigentlich nur im Krankheitsfall verabreicht. Niemand käme auf die Idee, ein Medikament nach der Genesung weiterhin einzunehmen, weil Nebenwirkungen befürchtet würden. In wissenschaftlichen Untersuchungen hat sich gezeigt, dass die „Pille“ eine große Bandbreite an Nebenwirkungen aufweist. Dazu gehört das erhöhte Risiko, einen Herzinfarkt oder eine Hirnblutung zu erleiden. Frauen, die die Pille einnehmen und rauchen, sind noch deutlicher gefährdet. In Untersuchungen hat sich sogar gezeigt, dass die Einnahme der Pille um ein Vielfaches schädlicher ist als das Rauchen alleine.[7] Unter anderem können folgende Nebenwirkungen auftreten:

Infektionsförderung

In wissenschaftlichen Untersuchungen wurde festgestellt, dass Frauen, die die „Pille“ einnehmen, häufiger an Infektionen im Genitalbereich leiden.

---

7 *Vgl. Ehmann in Süßmuth, S. 159.*

Auf eine dieser Infektionen möchte ich näher eingehen:

Chlamydieninfektion

Chlamydien sind besondere Bakterien, die innerhalb von Körperzellen leben. Eine Chlamydieninfektion zählt zu den Geschlechtskrankheiten, das bedeutet, sie wird meist durch Geschlechtsverkehr übertragen. Man hat festgestellt, dass die Infektionsrate bei Pillenanwenderinnen um 70 %[8] höher liegt als bei denen, die keine „Pille" nehmen. Dies hat eine folgenschwere Bedeutung, denn ohne eine entsprechende Behandlung kann diese Infektion zu Unfruchtbarkeit führen.

Die Symptome dieser Krankheit sind sehr schwach und ähneln am ehesten einer Blasenentzündung. Oft verläuft sie aber auch ohne Beschwerden. Die Erreger verursachen häufig eine Entzündung der Gebärmutterschleimhaut und der Eileiter. Eine Eileiterinfektion kann zu Verklebungen der Eileiter und damit zu Unfruchtbarkeit führen. Nicht selten ist eine unbemerkte oder unbehandelte Chlamydieninfektion der Grund, dass Paare, die sich ein Kind wünschen, nicht schwanger werden und der Kinderwunsch somit unerfüllt bleibt.[9] Kinderlosigkeit kann für ein Paar ein sehr schweres Leid bedeuten.

Außerdem hat man festgestellt, dass Chlamydien bei der Geburt auf das Neugeborene übertragen werden können. Das Kind kann eine akute, eitrige Bindehautentzündung oder unter Umständen sogar eine sehr gefährliche Lungenentzündung bekommen.

Die „Pille" ermöglicht einen sehr freien Umgang mit Sexualität. Es hat sich gezeigt, dass Jugendliche, die sehr früh ihre ersten sexuellen Kontakte haben, dazu neigen, mehrere Geschlechtspartner zu haben, womit sich das Risiko erhöht, sich

8 *Vgl. Ehmann, S. 21.*

9 *Welt am Sonntag, 11.01.2004 – Gynäkologe Klaus Diedrich: „Bei 30 % aller kinderlosen Frauen ist die Sterilität auf eine frühe Infektion, etwa durch Chlamydien, zurückzuführen."*

mit einer Geschlechtskrankheit zu infizieren.
Eine Infektion mit Chlamydien kann also gravierende Folgen mit sich bringen, und das, obwohl man von dem Vorgang vielleicht kaum etwas bemerkt.

Krebsrisiko
Zahlreiche Untersuchungen haben gezeigt, dass es Zusammenhänge zwischen Pilleneinnahme und verschiedenen Krebsarten gibt.[10]
Mehrere Studien kommen zu dem Ergebnis, dass besonders das Brustkrebsrisiko durch Pilleneinnahme deutlich erhöht ist. Eine Studie besagt, dass das Brustkrebsrisiko noch höher liegt, wenn die Pille vor der ersten Schwangerschaft eingenommen wird. Je länger die Pille eingenommen wird, umso höher ist das Risiko, an Brustkrebs zu erkranken.
Brustkrebs kann zehn oder noch mehr Jahre nach der Pilleneinnahme auftreten.[11]
Wird die Pille über einen längeren Zeitraum eingenommen, so haben Studien auch ein erhöhtes Risiko für Haut- und Leberkrebs aufgezeigt.

Depressionen – Psychische Störungen
Hier möchte ich einmal eine Frau zu Wort kommen lassen, die von ihren eigenen Erfahrungen berichtet.
„... weil ich gerade beschlossen habe, die Pille nach 20 Jahren, ich bin 35, abzusetzen, und zwar genau heute...
Die ‚Pille' (...) beeinflusste mein Leben schon seit so langer Zeit. Ich hatte Depressionen, die mich fast in den Selbstmord getrieben hätten, habe oft rasende Kopfschmerzen, mein Lustempfinden hat deutlich nachgelassen (das ist ja auch eine

---
[10] *Vgl. Ehmann, S. 22.*
[11] *Vgl. Ehmann, S. 23.*

Art der Verhütung – einfach keine Lust mehr zu haben). Ich fühle mich manipuliert und zu Recht. Das Einzige, was wirklich geholfen hat, war die Verbesserung meiner Haut. Aber in den letzten Tagen habe ich entschieden, dass es ziemlich blöd ist, wenn ich so depressiv bin, dass ich von der Brücke springe, aber keine Pickel mehr habe. (...) Ich fühle die Ursache in mir selbst, sprich in meiner Hormonmanipulation."[12]
Diese Frau spricht zwei Probleme an. Sie reagiert auf die Einnahme der Pille mit Depressionen. Aus seiner Erfahrung als Gynäkologe weiß Dr. med. Rudolf Ehmann, dass Frauen auf die Einnahme der Pille mit depressiven Verstimmungen bis hin zu eigentlichen Depressionen reagieren. Einige Frauen bemerkten an sich zum Teil ausgeprägte Persönlichkeitsveränderungen.[13]

Lusttöter-Pille

Ein weiteres Problem ist der Libidoverlust. Diese Frau und andere berichten darüber, dass sie nicht mehr in der Lage sind, Lust zu empfinden. Dies ist auf die hormonelle Wirkung der Pille zurückzuführen. Eine andere Ursache ist darin zu suchen, dass durch die Pille eine Trennung von Sexualität und Fortpflanzung erreicht wurde.
Dr. med. Ehmann schreibt dazu:
„Wird nun eine Familienplanungsmethode angewandt, die die Fortpflanzung intentionell völlig ausschließt, so schaltet die Natur – sprich das Unterbewusstsein – mit der Zeit automatisch ab, was in der entsprechenden Libidoabnahme resultiert."[14]
Das bedeutet, dass unser Körper und unsere Psyche sehr sensibel darauf reagieren, wenn wir in die natürlichen Abläufe eingreifen. In Amerika haben Wissenschaftler herausgefunden,

12 *Aus: www.medizinkritik.de.*
13 *Vgl. Ehmann, S. 27.*
14 *Vgl. Ehmann in Süßmuth, S. 231.*

dass Frauen auch nach Absetzen der „Pille“ einen veränderten Hormonstatus haben können. Das kann dazu führen, dass das sexuelle Interesse bei den Frauen nachlässt. Diese Wirkung kann auch noch anhalten, obwohl die Frau die Pille bereits abgesetzt hat.[15]

Wenn man sich das einmal ganz praktisch vorstellt, dann könnte Folgendes passieren: Eine Frau nimmt die Pille. Sie tut dies, weil es alle tun und weil ihr Freund sie darum gebeten hat. Sie liebt den Mann und möchte ihn nicht verlieren. Mit der Zeit nimmt ihr sexuelles Interesse immer mehr ab. Der Freund aber, der die Liebe zu seiner Freundin auch daran misst, inwieweit beide eine erfüllte Sexualität erleben, glaubt, dass das Interesse seiner Freundin an ihm nachgelassen hat. Es kommt zu einer Trennung.

Die verschiedenen Nebenwirkungen zeigen, was der hormonelle Eingriff durch die Pille bewirken kann. Es werden hier nicht alle Nebenwirkungen genannt, aber die oben stehenden Informationen lassen erkennen, dass der Eingriff in die natürlichen Abläufe des Körpers nie ohne Folgen bleibt.

15 *Journal of Sexual Medicine*, Bd. 3, S. 104.

14 Spirale oder IUD (Intra-Uterin-Device)

Die Spirale ist T-förmig und wird durch einen Gynäkologen in die Gebärmutter eingesetzt. Dort kann sie in der Regel mehrere Jahre verbleiben. Es gibt die reine Kunststoffspirale, die Kupferspirale und die Hormonspirale. Jede hat ihre Eigenarten, eine Wirkung aber ist bei allen Typen gleich: Sie verhindern die Einnistung des sich entwickelnden Embryos. Das muss man sich so vorstellen:

Der Eileiter hat das Ei aufgefangen, in der Ampulle kommt es nun durch ein Spermium zur Befruchtung. Die Spirale bewirkt, dass die Gebärmutterschleimhaut nicht in dem Maße aufgebaut wird, wie es notwendig ist, damit sich das neue Leben einnisten kann.

Bei Untersuchungen an Frauen, die eine Spirale trugen, konnte man vor der einsetzenden Regelblutung das Schwangerschaftshormon ß-HCG nachweisen, diese Frauen waren dann aber nicht schwanger.[16] Die Spirale verhindert also nicht den Eisprung, sondern die Einnistung des bereits befruchteten Eis, des neuen Menschen. Dies gilt auch für die Hormonspirale, deren Hormone den Eisprung nicht verhindern, sondern den Zervixschleim eindicken sollen. Wenn aber ein sprungreifer Follikel Östrogene aussendet, dann wird der Zervixschleim verflüssigt und ein eindringen der Spermien ist somit möglich.[17]

Die Wirkung der Spirale kann somit abtreibend sein, und das in einem frühestmöglichen Stadium. Dies ist den meisten Frauen gar nicht bewusst.

---

16 *Vgl. Ehmann in Süßmuth, S. 118.*

17 *Vgl. Ehmann in Süßmuth, S. 120.*

Nebenwirkungen der Spirale

Wie schon bei der „Pille" hat sich auch bei der Spirale gezeigt, dass das Eingreifen von außen in den Körper nicht ohne Nebenwirkungen bleibt.

Die Nebenwirkungen sind wohl auch der Hauptgrund, warum 30 bis 50 % aller eingesetzten Spiralen nach weniger als drei Jahren wieder entfernt werden.[18] Viele Frauen klagen über Schmier- und Zwischenblutungen sowie über Verlängerungen der Regelblutung.

Durch die künstlich hervorgerufene Entzündung kann es zu Verklebungen der Eileiter kommen. Die Folge davon kann eine Eileiterschwangerschaft sein, weil das befruchtete Ei nicht in der Lage ist, den Weg zur Gebärmutter zu finden. Das kann sehr gefährlich werden. Das befruchtete Ei teilt sich weiter und weiter und wird irgendwann zu groß für den Eileiter. Dieser kann platzen, es kommt zu Blutungen in den Bauchraum, die vielleicht nicht sofort bemerkt werden, eine lebensbedrohliche Situation.

Oft stirbt das werdende Leben im Eileiter ab, und es kommt zu einer Fehlgeburt in den Bauchraum. Eine Eileiterschwangerschaft sollte operativ entfernt werden. Ob der Eileiter dabei erhalten wird, hängt von den Umständen ab. Nach einer oder mehreren Eileiterschwangerschaften kann es zu Unfruchtbarkeit kommen, das heißt, dass man auf natürlichem Weg nicht mehr schwanger wird. Dies bedeutet oft eine große emotionale Belastung für eine Partnerschaft mit Kinderwunsch.

Das Risiko, dass die Frau nach der Entfernung der Spirale unfruchtbar ist, ist 1- bis 25-fach höher als bei Frauen, die keine Spirale getragen haben.[19]

Problematisch ist das Einwachsen der Spirale in die Gebär-

18 *Vgl. Ehmann in Süßmuth, S. 122.*
19 *Vgl. Ehmann in Süßmuth, S. 131.*

mutterwand, auch ein Durchstoßen der Gebärmutterwand durch die Spirale ist möglich. Frauen, die mit der Hormonspirale verhüten, klagen über Depressionen, Akne, Kopfschmerzen, Gewichtsveränderungen, Brustspannen, Übelkeit und Gemütsveränderungen.[20]

20 *Vgl. Ehmann in Süßmuth, S. 133.*

15 Das Kondom

Ein weit verbreitetes Verhütungsmittel ist das Kondom.
Das Kondom wird über das Glied des Mannes gezogen und soll verhindern, dass beim Samenerguss die Spermien in die Scheide der Frau gelangen.
Das Kondom wird auch als Schutz gegen AIDS und andere Geschlechtskrankheiten propagiert.
Dem gegenüber stehen aber harte Fakten:

In dem Buch „Gynäkologie und Geburtshilfe“ von Prof. Dr. med. Meinert Breckholdt, Freiburg, in der 5. aktualisierten Auflage von 2008 wird der Pearl-Index von Kondomen mit 7 bis 14 beziffert.
Um das einmal deutlich zu machen: Wenn 100 Frauen 1 Jahr lang mittels Kondomen verhüten, dann sind 7 bis 14 Frauen nach diesem Jahr doch schwanger.
Mit Blick auf AIDS und andere Geschlechtskrankheiten bedeutet dies, dass ein Kondom zwar einen Schutzfaktor hat, aber das Restrisiko doch noch sehr hoch ist.
In einer Untersuchung bezüglich Ansteckung mit Geschlechtskrankheiten hat sich gezeigt, dass trotz Kondombenutzung ein Restrisiko von 13 bis 27 % blieb, sich mit einer Geschlechtskrankheit anzustecken.[21]
Diese Zahlen belegen, dass das Kondom nicht so sicher ist, wie oft suggeriert wird. Wenn man sexuell aktiv ist und wechselnde Geschlechtspartner hat, sollte man ein Kondom benutzen, um sich und seinen Partner so gut zu schützen wie es eben geht. Aber das Restrisiko bleibt ein nicht zu unterschätzendes Problem.

---

21 *Vgl. Ehmann in Süßmuth, S. 139.*

16 Was sollen wir tun?

Dieses Buch behandelt nicht alle gängigen Verhütungsmittel. Im Angebot findet man z. B. Verhütungsringe, die in die Scheide eingebracht werden, oder Verhütungsstäbchen, die unter der Haut Hormone freigeben sollen, und andere Mittel.
Die Betrachtung der drei Verhütungsmöglichkeiten durch „Pille", Spirale und Kondom hat aber schon deutlich gezeigt, dass ein Eingriff von außen in die Natur des Menschen nie ohne Folgen bleibt.
Nur allzu gerne greift man nach der scheinbar leichten Lösung, aber ist die auch eine gute Lösung?

Verhütungsmittel verleiten uns zu der Annahme, dass wir uns nahe sein können, ohne die Folgen „fürchten" zu müssen. Es scheint, als sei es geradezu unsinnig, die Chance nicht zu nutzen, um zu schauen, ob wir auch sexuell zueinander passen. Es kann uns auch dazu verleiten, zunächst einmal nur zu genießen und dann erst die Beziehungsgrundlagen zu prüfen.

Aber wir haben gesehen: Eine 100-prozentige Sicherheit gibt es nicht. Es kann zu einer überraschenden Schwangerschaft kommen.
Wir verändern uns bis ins hohe Alter. Auch wenn wir jetzt sexuell gut miteinander harmonieren, heißt das nicht, dass dies immer so bleibt.
Die Freude am Genuss wird schnell zu einem Albtraum werden, wenn jemand mit einer Geschlechtskrankheit leben muss.
Aber was bleibt uns dann übrig?
Die Antwort ist so einfach wie unpopulär und völlig wider den Zeitgeist, sie heißt: Warten.

Wir müssen das nicht tun, wir müssen nicht warten. Wir können darauf hoffen, dass sich all diese Nebenwirkungen bei uns nicht zeigen. Es ist gesellschaftlich total anerkannt, Verhütungsmittel zu gebrauchen.
Es ist allein die eigene und freie Entscheidung, die hier getroffen werden muss.
Aus der Erfahrung, die mein Mann und ich in unserer Freundschaft und Ehe gemacht haben, können wir den Weg des Wartens nur empfehlen.
Wir haben viele Gespräche geführt, die oft nicht einfach waren, aber wir waren uns immer einig: Wir wollen es versuchen. Die Betonung liegt auf „versuchen". Nie wären wir auf die Idee gekommen, zu sagen: Wir schaffen das!
Wenn eine echte Zuneigung da ist, wenn die Gefühle zu einander finden, dann kann es sehr schwer sein, sich abends immer wieder zu trennen.
Wer seinen Gefühlen nachgegeben hat, ist kein schlechter Mensch, im Gegenteil, es ist etwas zutiefst Menschliches, sich in der Liebe zu verlieren, und hat etwas sehr Liebenswertes an sich.
Nichtsdestotrotz kommt nach dem Genuss das normale Leben. Nun müssen Entscheidungen getroffen und Lebensperspektiven überdacht werden. Das Leben ist nun nicht mehr so wie vorher. Einige Fragen stellen sich dann:
Wie wird es mit uns weitergehen?
Wie gehen wir mit der Möglichkeit um, Eltern zu werden?
Was hat sich in unserer Beziehung verändert?
Wie haben wir uns verändert?
Wie wollen wir nun in Zukunft mit unserer Sexualität umgehen?
Wie stehen wir zueinander?
Sind wir schon reif für eine so enge Bindung?

Tatsächlich ist es einfacher, wenn wir warten, denn wir bleiben freier:
freier in der Partnerwahl, freier in unseren Lebensentscheidungen, freier, um uns zu binden und zu lösen. Viele Gründe, die für das Warten sprechen, wurden schon im Kapitel 11 erläutert.

Diese Entscheidung muss jeder für sich treffen, denn wenn ich mich dafür entscheide, dass ich warten möchte, so hat das auch Auswirkungen auf meine Partnerwahl. Ein solcher Weg kann nur gelingen, wenn beide Partner es versuchen wollen. Diese Haltung hat dann auch Auswirkungen auf unsere Freundschaft. Wir müssen uns immer wieder auf Regeln im Umgang miteinander einigen, damit dieser Weg auch möglich ist. Gespräche über solche Regeln sind nicht ganz einfach, sie führen schnell zu Auseinandersetzungen, weil man sich nicht verstanden fühlt. Aber der Weg lohnt sich.
Es kann auch helfen, sich mit anderen Paaren, die ähnlich denken, auszutauschen. Dabei wird man feststellen, dass die Schwierigkeiten bei allen ähnlich sind. Das kann es leichter machen, den Weg zu gehen.

17 Regeln statt verhüten

Wenn ich nun den Partner meines Lebens gefunden habe, wie leben wir dann unsere Sexualität?
Wie gehen wir mit der Fruchtbarkeit von Mann und Frau um?
Gibt es überhaupt eine andere Möglichkeit, die Anzahl der Kinder und den Abstand zwischen den Geburten zu regeln, als Pille, Spirale, Kondom ...?

Ja, die gibt es. Wenn wir uns gefunden haben und unseren Weg nun gemeinsam gehen wollen, so schließt das die Sexualität mit ein. Wir können aber nicht immer und zu jeder Zeit eine Schwangerschaft verantworten. Die Kirche spricht von „verantwortlicher Elternschaft", das bedeutet, dass die Ehepartner miteinander und in der Verantwortung vor Gott gemeinsam entscheiden, wann und wie viele Kinder sie haben wollen. Bei einer solchen Entscheidung müssen verschiedene Aspekte bedacht werden, z. B. die körperliche und seelische Gesundheit von Frau und Mann oder auch die wirtschaftliche Situation.
Dazu bedarf es einer Methode, die es uns ermöglicht, eine Schwangerschaft anzustreben oder zu vermeiden.
Prof. Dr. med. Rötzer stand 1951 mit seiner Frau vor genau dieser Überlegung. Dem Engagement dieses Ehepaares haben wir es zu verdanken, dass wir heute eine Methode kennen, die die natürlichen Abläufe im Körper der Frau erkennen lässt.
Die Methode wird auch die sympto-thermale Methode genannt.
Die Frau beobachtet die Symptome ihres Körpers, dass bedeutet, sie beginnt eine genaue Beobachtung des Zervixsschleimes und misst die Aufwachtemperatur. Beide Beobachtungen trägt sie in eine Zyklustabelle ein. Durch die Auswertung die-

ser Tabelle kann das Paar die fruchtbaren von den unfruchtbaren Zeiten unterscheiden. Die Methode der NER folgt klaren Regeln, die man erlernen kann. Dazu besucht man am besten einen Kurs, sucht sich einen Berater über die Internetseite www.iner.org oder eignet sich das Wissen mit dem Buch „Natürliche Empfängnisregelung: Die sympto-thermale Methode – Der partnerschaftliche Weg" von Prof. Dr. med. Josef Rötzer selber an.[22]

Immer wieder hört man das Argument, dass diese Methode nur mit einem regelmäßigen Zyklus lebbar sei. Dem ist entgegenzuhalten, dass der Zyklus meistens allein durch die Beobachtung der Vorgänge regelmäßiger wird. Außerdem gibt es verschiedene erprobte Mittel, die dem Zyklus helfen, seinen eigenen Rhythmus zu finden. Es erfordert nur ein bisschen Zeit und Mut, sich mit den Vorgängen im eigenen Körper, bzw. dem Körper der Frau zu beschäftigen.

Mein Mann und ich leben nun schon seit über 14 Jahren nach dieser Methode. In dieser Zeit wurden unsere drei Kinder geboren. Die Schwangerschaften wurden von uns angestrebt. Bisher kam es bei uns zu keiner überraschenden Schwangerschaft.

Die Vorteile dieser Methode sind enorm:

- keine Nebenwirkungen
- eine hohe Sicherheit (PI-Pearl Index 0,2 bis 0,9)
- die Partner sind gleichermaßen verantwortlich
- keine regelmäßigen Kosten
- Leben im Rhythmus der Natur

Das sind nur ein paar Stichworte.

Es hat sich in unserer Ehe gezeigt, dass die Natürliche Empfängnisregelung NER nach Prof. Dr. med. Rötzer mehr ist als nur eine Methode, es ist eine besondere Art zu leben.

22 *Vgl. Rötzer, Natürliche Empfängnisregelung (siehe Literaturverzeichnis).*

Wir wollen die Schwangerschaft nicht verhüten. Das Wort „verhüten" ist schon sehr verräterisch. Es gibt z. B. Unfallverhütungsvorschriften oder Brandverhütungsvorschriften. In beiden Fällen soll ein Unglück verhütet werden. Das Wort „verhüten" setzt also im Zusammenhang mit Sexualität eine Schwangerschaft, also ein Kind, mit einem Unglück gleich, das ausgeschlossen werden muss.

Der Weg der NER aber respektiert die weibliche und männliche Natur und deren Verschiedenheiten. Mein Mann nimmt meine wiederkehrende Fruchtbarkeit und ich seine immer vorhandene Zeugungsfähigkeit an. Wir verlangen nicht vom anderen, dass er sich manipuliert, jeder darf so sein, wie er ist. Mit dem Wissen um die Abläufe im Zyklus der Frau kann man so die Empfängnis „regeln".

Wenn wir eine Schwangerschaft anstreben, dann suchen wir bewusst die Tage aus, wo eine Empfängnis wahrscheinlich ist. Streben wir aber keine Schwangerschaft an, dann kommen wir nur in den unfruchtbaren Zeiten zusammen. Das bedeutet dann auch, dass es einige Tage im Zyklus gibt, an denen wir nicht miteinander schlafen.

Manchmal ist das nicht einfach, aber es hat auch etwas Gutes.

In einer langjährigen Partnerschaft schleichen sich mit der Zeit Gewohnheiten ein, man gewöhnt sich aneinander. Die Tatsache kann zu Langeweile führen. Zeiten der Enthaltsamkeit wirken einer solchen Langeweile entgegen. Was wir nicht immer haben können, hat den Reiz des Besonderen. Wir freuen uns nach einer solchen Zeit wieder besonders aufeinander und bleiben füreinander attraktiv.

Wir haben auch festgestellt, dass sich mit den Jahren unsere Sexualität immer wieder verändert und vertieft hat. Wir spüren, dass auch in diesem Bereich ein beständiges Wachstum

möglich ist. Dazu hat, in unseren Augen, die NER maßgeblich beigetragen.
Es ist ein spannender Weg, der zugegebenermaßen nicht immer einfach ist, aber den Einsatz mehr als lohnt.

18 Überraschend schwanger?

Jetzt haben wir so viel über Empfängnisverhütung und Empfängnisregelung gehört, aber was ist, wenn es zu einer überraschenden Schwangerschaft gekommen ist?

Es ist unglaublich schwer, in einer solchen Situation einen kühlen Kopf zu bewahren, denn die Hormone tanzen dann im Körper Mambo.

Als mein Mann und ich uns ein Kind wünschten und die Schwangerschaft sich einstellte, war ich sehr überrascht über meine Gefühlswelt.

Ich hatte erwartet, dass ich mich unglaublich freue, stolz bin, voller Mutterglück und Vorfreude. Diese Gefühle hatte ich auch, aber es waren auch andere Gefühle zu spüren. Da war Angst, ich fragte mich, ob ich eine gute Mutter sein werde. Da war die Erkenntnis, dass sich nun etwas in meinem Leben ändern würde, was ich nie wieder rückgängig machen könnte. Ich ertappte mich bei dem Gedanken, dass ich über die Schwangerschaft manchmal gar nicht glücklich, sondern unglücklich war, und ich mir nicht mehr so ganz sicher war, ob ich das überhaupt wollte.

Ich schämte mich für meine Gedanken, bis ich von anderen Frauen erfuhr, dass es ihnen ähnlich ging. Interessanterweise hörten diese düsteren Gedanken auf, als sich der Bauch zu wölben begann, das war um den 4. Monat herum.

Da wurde mir klar, unter welchem emotionalen Druck viele Frauen, die überraschend schwanger werden, eine folgenschwere Entscheidung treffen müssen.

In der öffentlichen Meinung hat man mitunter oft das Gefühl, Abtreibung sei so etwas wie ein Zahnarztbesuch, es tut ein bisschen weh, aber dann ist es auch vergessen.

Als ich mit 14-jährigen Mädchen über dieses Thema sprach, war der Tenor: „Wenn ich jetzt schwanger werde, dann treibe ich ab. Ich kann ja meine Ausbildung nicht richtig zu Ende machen und meinem Kind nichts bieten."
Dieser Aussage schloss sich eine lebhafte Diskussion an. Als ich in den Raum warf, dass dabei doch ein Kind getötet werde, meinte eine Schülerin: „Aber das ist doch nicht schlimm, davon merkt das Kind ja nichts." Ich erwiderte, dass aber sie doch wisse, was geschehen sei, und sie auch mit dieser Verantwortung leben müsse. Daraufhin meinte ein anderes Mädchen: „Meine Cousine hat vor einem Jahr abgetrieben, das macht ihr überhaupt nichts." Ich erzählte, dass Frauen oft erst zehn Jahre später mit verschiedenen Symptomen, wie z. B. Depressionen, auf eine Abtreibung reagieren. Daraufhin erzählte ein Mädchen aus der Gruppe: „Ja, meine Mutter hat eine Freundin, die hat vor zehn Jahren abgetrieben. Sie hat später noch zwei Kinder bekommen, aber sie ist im Moment nicht in der Lage, diese Kinder zu versorgen, weil sie wegen der Abtreibung unter starken Depressionen leidet."
Bei einer Abtreibung gibt es mindestens zwei Opfer: Einmal das Kind und dann die Mutter.
Vielleicht besuchst du einmal die Internetseite www.rahel-ev.de. Hier kommen Frauen zu Wort, die über ihre Gefühle und Leiden nach einer erlebten Abtreibung reden. Die Zeugnisse sind erschütternd.
Viele Frauen sagen: „Wenn ich das vorher doch alles gewusst hätte, ich hätte mich anders entschieden."

Es gibt aber auch immer mehr Männer, die unter der Abtreibung ihrer Kinder leiden. Ein Mann, dessen Frau Zwillinge abgetrieben hat, schreibt:

„Sie ist am Mittwoch früh aus dem Haus geschlichen, ihren Sohn hat sie im Pyjama mitgenommen. Das Schlimme, Perfide, Schreckliche ist, dass sie regelrecht begeistert von dem Eingriff erzählt hat: Eine ganz kleine Sache, 10 Minuten. Wenn du mich liebst, dann verstehst du mich. Nein, aber ich verstehe dich nicht. Ich fühle mich gedemütigt, verraten. Ich möchte dich anschreien und kann´s doch nicht, bist du doch meine Frau, der Mensch, den ich so liebe, auf den ich gebaut habe. Alles Vertrauen ist zerstört, dein Leib ist leer und in mir schreit verzweifelte Wut, und die Trauer frisst mich auf. Du sagst, du kannst in drei Monaten wieder mit mir ein Kind haben. Ich möchte mit dir ein Kind, aber wie soll ich mit dir schlafen, wo du doch bereit bist, das preiszugeben, was normalerweise dein Körper mit seinem Leben schützt.
Du sagst, ich soll dich anrufen, schickst mir SMS: "Ich liebe dich, geht es dir gut?" Nein verdammt, es geht mir nicht gut, es ging mir selten schlechter. Natürlich, mein Körper ist gesund, aber etwas fehlt mir, und niemand kann es mir wieder geben."

(Quelle: Schlechte Zeiten – Gute Seiten Informationsheft der Gruppe Kaleb e.V., Kooperative-Arbeit-Leben-Ehrfürchtig-Bewahren – www.kaleb.de)

Wenn du überraschend schwanger bist, dann solltest du Hilfe in Anspruch nehmen. Es ist unglaublich schwer, in einer solchen seelischen Belastungssituation alleine eine gute Entscheidung zu treffen. Es gibt viele Organisationen, die weiterhelfen können. Im Anhang dieses Buches findest du einige Adressen, an die man sich wenden kann.

Ich möchte noch eine junge Frau zu Wort kommen lassen, die genau diese Situation erlebt hat. Was sie schreibt, hat mich tief berührt:

„Nur 10 Minuten ... für Dich .... für mich .... für uns
Danke du mir nie für dein Leben.
Ich bin so unsagbar dankbar, dass es dich gibt.
Ich danke dir für dein Lächeln,
für deine Zufriedenheit, wenn du schläfst,
und deinen drolligen Übermut, wenn du spielst.
Deine ersten zwei Zähnchen machten mich glücklicher als meine zweiunddreißig, und wenn du Mama sagst, werden meine Knie weich vor Glück.
Für dich habe ich Märchen geschrieben, um sie dir dann zu erzählen, wenn du sie verstehst,
und dein Nachtgebet habe ich nur für dich gedichtet.
Manche sagen, ich wäre zu wenig streng.
Ein wenig Nachsicht und etwas Geduld,
und unsere kleinen Probleme zerfließen in Liebe, anstatt in Strenge zu erstarren.
Du hattest doch auch Geduld mit mir.
Damals, als du dich mir schenken wolltest und ich dieses Geschenk deines Lebens nicht annehmen wollte.
Ich denke noch oft an diese Zeit ...

„Ich darf gratulieren", hatte der Arzt gesagt, „Sie sind schwanger!"
Damals teilte ein Blitz meine Gefühle.
Auf der einen Seite schwang sich ein nie erahntes Gefühl auf.
Auf der anderen Seite schmetterten mich Bestürzung und Angst zu Boden.
Ich blieb zwischen diesen Gefühlsgewalten zurück.
Einsam, zum ersten Mal ganz allein mit mir selbst.
Eine erste zaghafte Liebe zu dir ließ mich meine Hand nach dir ausstrecken. Aber die nüchterne Sachlichkeit, das rechnerische Überlegen und die Angst vor der Reaktion meiner Umwelt

schlugen mir auf die Finger.
Ich zog meine Hand wieder zurück.
Es wäre ja schön, aber ...
Es gab doch so viele Aber und so viele Wenn, und ich wurde müde; so müde, dass ich andere Menschen für mich denken und handeln ließ.
Wenige Tage später hatten wir beide einen Termin.
„Das ist wirklich keine große Sache", sagte man.
Wir gingen hin: „In zehn Minuten ist alles vorbei", sagte man.
Ich sah mir die Frauen an; die anderen, die aus dem gleichen Grund wie ich einen „Termin" hatten.
Sie kamen ernst und gingen ernst.
Wo war ihre „Erleichterung"? Warum freuten sie sich nicht?
Sie waren doch losgeworden, was sie nicht wollten!
Ein junges Mädchen weinte lautlos, und von ihrem starren Gesicht tropften ihre Tränen.
Man führte sie weg.
Freund, Mann oder Vater, wer immer es gewesen sein mag, nahm sie am Ellenbogen und schob sie zur Türe hinaus.
Auch sie hatte für sich entscheiden lassen,
man hatte ihr alles aus der Hand genommen.
Nur die Verzweiflung nicht, die ihr jetzt aus den Augen schrie.
Ich war die Übernächste.
Ein kleiner Aufschub noch.
Laut hörte ich mich zu der neben mir sitzenden Frau sagen:
„Ich lasse Sie vor!"
Wieder ein Aufschub, gnädige zehn Minuten,
denn länger dauert es nicht, ein Kind zu töten.
Ich habe noch eine Wartende vorgelassen und wieder eine und wieder eine, und als niemand mehr da war, den ich hätte vorlassen können, da habe ich mich einfach davongeschlichen.
Du und ich, wir sind nachher in einem Kaffeehaus gesessen.

Ich habe drei Tortenstücke verdrückt und mir vorgestellt, dass du mitnaschst. Auf dem Heimweg habe ich laut mit dir geredet.
Ich sagte dir, dass wir es nicht leicht haben würden, dass wir uns sehr nach der Decke strecken müssten.
Ich gestand dir, dass ich dir in der ersten Zeit wohl nicht viel bieten können würde und dass du vorerst nur meiner Liebe sicher sein könntest.
Aber ich sagte dir auch, dass ich liebe, liebe, liebe, wie ich noch nie zuvor ein Wesen geliebt hatte.
Und als sich durch die leichte Übelkeit nach den drei Tortenstücken wieder die Angst vor der Meinung der anderen ans Licht setzte, haben wir sie einfach weggelacht ...

Das Lachen ist uns geblieben, Baby, auch jetzt nach einem Jahr noch. Zwar strecken wir uns noch immer nach der Decke, aber die Liebe der anderen hast du im Sturm erobert.
So, Zeit zum Schlafengehen, Baby!
Aber vorher spielen wir noch zehn Minuten, in denen ich deine süße kleine Nase an meinem Gesicht fühle, deine Händchen und deine Haare, die noch vom Bad feucht sind.

Am Ende unserer zehn Spielminuten schläfst du mir schon im Arm ein.
Ich lege dich in dein Bettchen und küsse deine süße Nasenspitze.
Danke für diese zehn Minuten, Liebling.
Für die zehn Minuten heute – und für die zehn Minuten damals, als du mir die Kraft gegeben hast, mich für dich zu entscheiden."

(Quelle: Gefunden in einer Schülerzeitung von: ALfA e.V., Aktion Lebensrecht für Alle www.alfa-ev.de)

19 Warum dieses Buch?

Wenn Du Dich bis hierher durch dieses Buch gekämpft hast, dann hast Du jetzt viel Stoff zum Nachdenken.
Ich habe diese Thematik in kürzerer Form schon oft in kleineren Gruppen mit Jugendlichen besprochen. Es kam dabei zu ganz unterschiedlichen Reaktionen, von begeisterter Zustimmung bis hin zu totaler Ablehnung. Oft war ich eine lebendige Provokation, und die Jugendlichen ließen mich das sehr klar spüren.

Warum tue ich mir und anderen das an?

Prof. Dr. med. Rötzer hat einmal gesagt:
„Die Ehe kann das letzte Stück Paradies sein."

Ich darf dieses letzte Stück Paradies mit meinem Mann erleben. Die Sehnsucht nach geglückter Partnerschaft und Familie ist groß. Ich wünsche allen, die sich danach sehnen, eine solche Erfahrung. Einiges kann man schon mit der Partnerwahl und durch die Gestaltung der Freundschaft in gute Bahnen lenken.
Sicher, eine Garantie gibt es nie, aber das Ziel ist einen hohen Einsatz wert. Vielleicht kann dieses Buch einige Anregungen auf diesem Wege geben.
Mein Mann und ich haben die Erfahrung gemacht, dass es an der Hand Jesu besser geht. Wir sind katholisch getraut, das bedeutet, wir spendeten uns das Sakrament der Ehe. Wir dürfen glauben, dass nicht nur wir miteinander den Bund fürs Leben geschlossen haben, sondern dass Jesus als Dritter im Bund bei uns ist. Wir durften schon oft seine Hilfe erfahren, wenn

wir uns wieder einmal total festgefahren hatten. Wir glauben auch, dass er uns zusammengeführt hat, dass wir füreinander bestimmt sind.

Ich wünsche dir alles Gute für deinen Weg und möchte mit einem irischen Segenswunsch schließen:

Möge Gott auf dem Weg,
den du gehst,
vor dir hereilen,
das ist mein Wunsch
für deine Lebensreise.
Mögest du die hellen Fußstapfen
des Glücks finden
und ihnen auf dem ganzen Weg folgen.

Literaturverzeichnis

Zu den Fußnoten 1, 2, 3, 4, 5, 7, 14, 16, 17, 18, 19, 20, 21

Roland Süßmuth
„Empfängnisverhütung", Fakten, Hintergründe, Zusammenhänge
Hänssler-Verlag 2000, ISBN 3-7751-3001-2
Eine Neuauflage ist z. Z. in Bearbeitung.

Prof. Dr. rer. nat. Roland Süßmuth ist Professor für Mikrobiologie und Molekularbiologie. Er versteht das Buch „Empfängnisverhütung" als einen Sammelband zu einem „brennenden Thema unserer Zeit".
40 Autoren aus neun Ländern liefern in 46 Beiträgen geprüfte Befunde und Erkenntnisse aus ihren Wissenschaftsdisziplinen und Arbeitsgebieten.
In dem Buch kommen verschiedene Ärzte und Wissenschaftler zu Wort, u.a. der Gynäkologe Dr. med. Rudolf Ehmann, langjähriger Chefarzt der Gynäkologie und Geburtshilfe im Kantonsspital Nidwalden (CH-Stans).
Die Fußnoten beziehen sich auf seinen Beitrag „Die abortive Kontrazeption" und „Verhütungsmittel – verhängnisvolle Nebenwirkungen, über die man nicht spricht. Eine kritische Bilanz aus der Sicht eines Gynäkologen".
Seine Arbeit stützt sich auf eine Fülle von Studien und Untersuchungen, die er in seinen Ausführungen benennt, erklärt und zusammenführt.
Die Fußnoten geben jeweils die Seite in dem Buch „Empfängnisverhütung" an, wo eben diese Zusammenhänge erläutert und mit entsprechendem Fachliteraturhinweis versehen sind.

Zu Fußnote 6:

Iner-Mitteilungen Nr. 31 *Sonderbeilage* *Juni 1997*

Mensch von Anfang an

Der Christ sagt JA zum Leben, vom Beginn des Lebens an.

Aufgabe jedes Christen ist es, das Leben zu achten und zu schützen. Christus hat uns gesagt und gezeigt, daß jedes Leben WERT ist zu leben. Wir Christen lernen, jeden Menschen mit den Augen Gottes zu sehen.

Bild A von der Gebärmutter und der Eizelle im Eihügel:

- Die Eizelle befindet sich in der Wand des Eibläschens
- Knapp vor der Ovulation löst sich die Eizelle mit umgebenden Zellen des Eihügels aus der Wand des Eibläschens und schwimmt in der Follikelflüssigkeit. In diesem Stadium wird die begonnene sogenannte erste Reifeteilung beendet. (Es kommt zur Halbierung des Chromosomensatzes).
- Das Eibläschen springt und das Ei wird herausgeschwemmt und wird für kurze Zeit von den umgebenden Zellen des Eihügels ernährt.

Nach dem Eibläschensprung (Ovulation) kommt es zur zweiten Reifeteilung; jetzt muß eine Samenzelle das Ei befruchten, sonst stirbt das Ei innerhalb von etwa 10 Stunden ab.

Bild B: Befruchtung — Mensch von Anfang an:

Durch die Aussendung eines eigenen Hormons stellt das befruchtete Ei, eigentlich das neue Menschenkind!, sofort Verbindung mit der Mutter her. Wenige Tage nach der Befruchtung läßt sich das Hormon β-HCG in einem sogenannten biochemischen Schwangerschaftstest nachweisen. Da dieses frühe Schwangerschaftshormon vom Kind ausgesendet wird und nicht vom mütterlichen Organismus, zeigt dies sehr deutlich, daß es sich bei diesem Kind bereits um ein eigenständiges Wesen handelt. Das Kind ist sogar für die Mutter ein "Fremdkörper", der Gefahr laufen würde, wie ein Organtransplantat abgestoßen zu werden, wenn hier nicht ein eigener Schutzmechanismus für das Kind eingebaut worden wäre. Aber in seltenen Fällen kann es tatsächlich zu dieser Abstoßung kommen, wenn dieser Schutzmechanismus versagt.

Die Ernährung dieses kleinen Menschen erfolgt:

1. während der Wanderschaft durch den Eileiter durch Abgabe flüssiger Sekrete der Tubenwand (Eileiter der Mutter), die jeden Tag anders zusammengesetzt sind. Es ist also alles zeitlich genau aufeinander abgestimmt — synchronisiert! (Hinweis auf Wirkweise mancher Verhütungsmittel, die Nidationshemmer sind, wie „Spirale": eine ihrer Wirkweisen ist, daß sich die Eileiter schneller bewegen, so daß das Kind nicht mehr die richtige Ernährung erhält, es trocknet also aus!)
2. Ernährung auf dem Wege über den Mutterkuchen (Plazenta):
   Der mütterliche Blutkreislauf geht in den Mutterkuchen hinein, dort erfolgt dann ein Austausch mit dem Blutkreislauf des Kindes. Dieser Austausch erfolgt aufgrund des Prinzips der OSMOSE: im Mutterkuchen ist eine Grenzfläche, eine sogenannte Membran, jenseits dieser Membran ist
   - der EIGENE Blutkreislauf des Kindes
   - der EIGENE Eiweißaufbau des Kindes
   - die eigene Blutgruppe des Kindes: Mutter und Kind können ja verschiedene Blutgruppen haben!

Hinweis: Diese Formen der Ernährung des neuen menschlichen Lebens zeigen, daß die Ernährung von Beginn an auf die jeweilige Situation angepaßt ist!

Dies alles bedeutet, daß das Kind NIE TEIL DER MUTTER IST, sondern in der befruchteten Eizelle ist nach Verschmelzung der mütterlichen und väterlichen Chromosomen das ganze Programm enthalten, das Kind entfaltet sich aus den vorgegebenen Anlagen. Die Mutter wird benötigt, damit das Kind heranwachsen kann.

Zu den Fußnoten 8, 10, 11, 13

Dr. med. Rudolf Ehmann
„Probleme der Geburtenregelung“
Dieser Beitrag ist erschienen bei der Europäischen Ärzteaktion, Ulm 1990.

Zur Fußnote 22

Prof. Dr. med. Josef Rötzer
"Natürliche Empfängnisregelung: Die sympto-thermale Methode – Der partnerschaftliche Weg“
Herder Verlag 978-3-451-23983-0
www.iner.org
Ich habe bei meinen Erklärungen auf die umfangreiche Forschungsarbeit von Prof. Dr. med. Rötzer zurückgegriffen. Mein Dank gilt ihm für seine wissenschaftliche Tätigkeit und seiner Tochter Elisabeth Rötzer, die in unermüdlichem Einsatz diese Forschung allen Interessierten zugänglich macht.

Adressen von Organisationen, die bei einer überraschenden Schwangerschaft Beratung und Hilfe anbieten:

Deutschland

Lichtzeichen e.V.
Hilfe für schwangere Frauen
Klein Mariengart
Höhrer Str. 93
56179 Vallendar
Tel.: 02 61 - 9 83 03 30
www.lichtzeichen.org

Aktion Lebensrecht für alle e.V. ALFA
Ottmarsgässchen 8
86152 Augsburg
Tel.: 08 21 - 51 20 31
www.alfa-ev.de

KALEB e.V.
Kooperative – Arbeit – Leben – Ehrfürchtig – Bewahren
Fehrbelliner Str. 99
10119 Berlin
Tel.: 030 - 44 05 88 66
www.kaleb.de
E-Mail: info@kaleb.de

Österreich

Jugend für das Leben
Österreich
Starhembergstraße 66/20
A-4020 Linz
Tel./Fax: +43 73 27 88 116
Mobil: +43 66 43 42 08 04
office@youthforlife.net

Schweiz

Schweizerische Vereinigung Ja zum Leben
Zentralsekretariat
Postfach 18
CH-8775 Luchsingen
Tel.: +43 55 65 31 150